管理不狠，团队不稳

备受全球五百强公司
推崇的精英团队管理法则！

冯付凯◎编著

文化发展出版社
Cultural Development Press

图书在版编目（CIP）数据

管理不狠，团队不稳 / 冯付凯编著. — 北京 ：文化发展出版社有限公司，2019.5

ISBN 978-7-5142-2607-2

Ⅰ. ①管… Ⅱ. ①冯… Ⅲ. ①企业管理—组织管理学 Ⅳ. ①F272.9

中国版本图书馆 CIP 数据核字（2019）第 055197 号

管理不狠，团队不稳

编　　著：冯付凯

责任编辑：司　璐

产品经理：杨郭君

监　　制：白　丁

出版发行：文化发展出版社（北京市翠微路 2 号）

网　　址：www.wenhuafazhan.com

经　　销：各地新华书店

印　　刷：嘉业印刷（天津）有限公司

开　　本：700mm×980mm　1/16

字　　数：169 千字

印　　张：15.5

版　　次：2019 年 6 月第 1 版　2019 年 6 月第 1 次印刷

I S B N ：978-7-5142-2607-2

定　　价：45.00 元

前　言

狼是自然界以生命力强著称的动物，狼群的群体合作精神也一直为人们所称道。和狼群一样，人类也是群居动物，以群居的方式生存在世界上。这种群体关系在生产活动中的表现就是团队。当今社会，团队早就成为人类生产活动中流行的生产、作业形式，人们对团队的关注和研究也一直是个热点问题。那么，什么叫团队呢？

把一群人集合在一起，是不是就可以称为团队？

团队和群体有何异同？

什么是团队精神？

团队精神在整个团队中会起到什么作用？

怎样才能让我们的团队像“狼团队”一样拥有极强的生命力？

“狼团队”体现了怎样的内涵？

……

这些正是本书将要讲述的。

本书在做大量调查的基础上，结合作者多年的团队管理经验，从什么是团队精神说起，重点阐释了团队的核心竞争力、制约团队发展的障碍、培养高素质的团队以及创建好的团队文化等内容。

为了更好地说明这些问题，本书无论是在结构设计还是在内容选择上，都颇具匠心：在每章不仅通过大量案例详细分析了那些团队管理中常犯错误的深层次原因和错误表现，还设计了一系列的检验测试，帮助管理者发现潜藏在自己身上的错误，并告诉读者怎样去避免和解决这些错误。

更为难得的是，本书能帮助团队管理者发现自身的错误，更能助其了解到当前世界最前沿的管理理念和最新的思想浪潮。书中为读者提供了上千条管理策略、近百个经典案例、数十个当前最热的管理理论，读者阅读本书就相当于与国际、国内最优秀的团队、最成功的团队领导人进行了一场对话，其收获不亚于接受一次丰盛的管理培训大餐。

在《管理不狠，团队不稳》一书即将付梓出版之际，我们对长期以来从事相关理论研究和案例调查的同人表示衷心的感谢，也希望国内的企业管理者能汲取国外著名企业的先进经验，不断学习，努力创新，开创中国企业发展的新阶段，为正在蓬勃发展的中国经济注入新的活力。

目录

01

什么是真正的团队？

狼，这种生命力极强的动物，在其生存的100多万年间，曾遭到人类无数次的猎捕、毒杀，但它们一直顽强地生存着，它们是动物界最有生命力的种群。

是什么让狼生命力如此顽强呢？是什么让它们在自然界弱肉强食的自然法则和人类的捕杀中生生不息呢？

是团队精神！

正如英国动物学家绍·艾利斯所说："团队的力量是狼群得以生存的依靠。"

狼与狼之间的默契配合是它们成功的决定性因素。

狼群不但懂得彼此合作，而且会与其他动物合作，比如乌鸦。

当一只乌鸦在高空发现受伤或死亡的猎物时，它会把消息传递给乌鸦群与狼群，并引导它们到达猎物的所在地。捕获猎物后，狼用尖锐的爪子撕开猎物的躯体，然后，大家分而食之。

这种合作关系，让它们在适者生存、优胜劣汰的自然规律中，成为千百年来生命力极强的动物。

和狼群一样，人类也是群居动物，以群居的方式生存在世界上，这种群体关系在生产活动中的表现就是团队。

当今社会，团队早就成为人类生产活动中流行的生产、作业形式，人们对团队的关注和研究也一直是个热点。

话说团队：创建、塑造、建设、管理

什么是团队？

把一群人集合在一起，是否就可以称为团队？

团队和群体有何异同？

什么是团队精神？

团队精神在整个团队工作中会起到什么作用？

我们的团队怎样才能像“狼团队”一样拥有极强的生命力？

“狼团队”体现了怎样的内涵？

……

这些正是本书将要讲述的。

从普通群体到高效团队

当前，“团队”这个词已成为一个时髦用语，到处都在被人们讨论，以至于开始代替适用面更广的一些词语，如“群体”“团体”，等等。

很少有人真正去区别这几个词语的差别，甚至还有人用莎士比亚的一句话来表达自己的观点：“名称是什么？玫瑰如果换个名称，它闻起来还是那么香甜。”他们认为，不管是群体，还是团队，都是没有分别的。

真是这样吗？

有世界第一CEO之称的杰克·韦尔奇曾说：“如果我们没有搞清楚什么是团队，我们永远不会真正明白管理的本意。”

这句话很有道理，事实上大部分企业正是由于领导者抓不准团队的真正含义，才导致团队建设和管理出现了问题。

因此，深刻把握团队的内在本质是很有必要的。

我们先来看一下这几个概念：

群体，社会学上指的是由两个或两个以上互动的个体组成，个体之间具有稳定的关系与共同的目标，彼此意识到同属一群的集体。夏令营小组、旅游观光团都属于群体。

团体，是指由两个或两个以上的人组成的，成员在心理上彼此依赖、相互影响，在行为上有共同规范的群体。

团队，通常是指由数名知识与技能互补、彼此承诺协作完成某一共同任务的员工组成的特殊群体。

与普通群体相比，团队有着自己的特点：

团队对集体的协作更为依赖；

责任更加重大；

工作成果既要个体负责，更要团队共同负责；

除了像普通群体那样具有共同的兴趣目标外，还有共同的承诺；

此外，普通群体一般由管理者严密监控，工作团队则常常具有自主权。

团队与一般团体相比的区别可用下表表示：

团队与团体的六大区别

	团队	团体
规模	有限	中等规模或大规模
选择	严格	不成熟
领导	分担或轮换	单独
理解	相互认识　相互理解	依赖领导人
模式	角色分散　协调	集中　顺从
精神	自动　干预	归属感　逼迫异己

从上表显示的团队与团体之间的差异，我们不难区别何为团队，何为团体。

比如，在一个班级内一起上课的人可以说是一个团体。老师扮演着领导者的角色，学生看重的是个人的成绩表现，老师评鉴学生的标准也是以其个人成绩为主，但同一个班级的学生之间，并不具有不同知识、技能或经验，也就是不具有相互依存性，因此，这个班级只能称为团体而非团队。

相同的道理，我们可以将一支足球队看成一个团队。队员在追求赢得比赛这一目标的基础上，各有所长，同时，队员们要彼此了解其他个体的需求和专长，共同遵守为实现目标所设定的程序和策略，以避免不必要的错误，发挥各自的个体优势，形成协调良好的团队，实现共同的团队目标。

由于球队被赋予了共同的目标——赢球，因而球队看重的是团队的整体表现，球队输球也绝非教练一个人或前锋的责任，而是每个队员均需负担的责任。同时，在球队中，球员具有相互依存性，且每个球员均有其特殊的技能与专长。一个球队，即使全是超级投手，也不能保证赢球，唯有各个队员彼此协调合作，才能使球队成功，因此，一支球队是否能融合成一个高效的团队对球队的生死存亡至关重要，而球队这种组织也为我们研究各类团队组织提供了最基础、最有参考意义的案例。

团队的分类

团队分为很多种，一个企业可以由不同类型的团队构成且每一种团队的管理方法也各不相同，具体来说，主要有以下几种。

☆生产和服务团队

多指安装、维护、采矿和建设施工团队以及客户团队、销售团队和卫生保健团队。这种团队持续时间长，不断给客户提供产品和服务，因而这类团队的目标和行动进程通常是十分清晰的。

☆项目和发展团队

主要是研究团队和产品开发团队。这样的团队致力于某一特定项目，特点是存在的时间相对比较短，但他们有一套清晰的短期目标，其最终目的就是尽可能有效地完成工作。

☆**顾问和参与团队**

包括工作组（致力于改善公司的工作环境和工作实践）、质量研讨组（一起研究如何改善由某一组织提供的产品或服务质量）以及员工参与小组（代表员工向管理上层反映意见）。这类团队的生命周期也很短，对于它们的成员来说，团队组织形式只是暂时的。

☆**工作队**

是指诸如航班乘务员和电器维修组之类的团队。这类团队经常是在短时间内由以前很少或从未在一起工作过的人员组成。在这样的团队中，加入团队的时候每个成员都必须对自己的职责有清楚的认识。

☆**行动和谈判团队**

多指诸如外科手术小组和律师团这样的组织。他们当中的成员经常在一起工作，成员之间有成熟的操作流程和明晰的目标，团队的凝聚力一般比较强。

分阶段建设团队

不是随意几只狼就可以形成狼团队的，它们只有经过多次的配合才能在捕猎活动中形成默契，捕获到猎物。所以，团队的形成不是一蹴而就的，而是分阶段的，经历几个阶段的磨合之后，团队的成员才能融合到一起。

通常一个团队的形成与发展要经过一系列相互磨合的阶段，大致可分为形成、震荡、规范、执行和终止五个阶段。

作为团队的组建者，我们首先要学会的就是在团队创建的不同阶段做不一样的努力。

形成阶段：在此阶段，团队成员会提出一些试探性的问题："任务是什么？这项任务能够完成吗？我能够在团队中实现自己的价值吗？我做出的贡献能够得到团队的认可吗？你能给我提供什么样的支持？"

这个阶段，作为团队组建者，必须明确自己的职责，能够清晰地告诉每一个团队成员团队所确立的整体方向，并且对团队成员提出希望。例如，希望他们确立自己的具体目标，希望他们基本上根据会议安排来办事。除此之外，团队组建者必须让团队成员知道团队在做决定时，会考虑他们的要求和利益。让他们知道完成工作时，团队会给他们以需要的资源、经费、信息技术设备和行政上的支持；让他们了解管理人员对团队的期望以及工作方法的一些规定。

震荡阶段：在此阶段，团队成员会争先恐后地争取那些能显示身份和有机会学到新技能的岗位。

在这个阶段，团队组建者应该鼓励团队成员对如何实现团队目标进行讨论；同时，应该表明自己是如何看待自身职责的，即团队成员能够提供什么样的帮助、组建者对团队成员的技能和经验的依赖程度以及在带领团队的时候会遇到哪些危机。

规范阶段：震荡期过后，团队开始进入规范阶段。在此阶段，团队公开和隐秘的"规范"就会建立起来。各种规范可能包括：团队成员工作太忙的时候，开会可以晚来一些；如果出现了某些问题，允许人们责怪管理层……作为团队管理者，应该让团队成员通过观察知道哪些行为是团队管理可以接受的，哪些是团队管理不能接受的，然后这些行为就作为规范形成了。

执行阶段：经过了规范期之后，就进入了执行阶段。在此阶段，团队一般具有较强的执行力，能承担相应的具体项目运作，而且，一般运作会比较成功。

终止阶段：执行期后，团队会因为各种各样的原因终止。这时候的团队斗志较低，每个成员都有自己独立的志向，都面临着重新进入新团队的抉择。团队成员中有的会选择离开，有的会继续留下。这个阶段的团队应该进行迅速调整，以免影响企业在市场上的表现。

创建一支平衡团队

通过观察，我们发现狼群的组成是非常平衡的。因为当它们要去捕食比自己更强大的动物时，必须团队合作，协调作战，也就是说，它们的力量需要平衡。

在狼群中，既要保持头狼的指挥权，也要保证狼个体一定的自由权，因而必须在二者之间找个平衡点；团队也一样，只有保持团队平衡，才能使团队具有狼性，像狼团队一样有战斗力。

保持团队平衡意味着团队成员必须有独立完成工作的能力，并且团队成员的背景要具备多样性，比如说年龄、技能、文化、生活和工作经历等方面。

以当前比较热门的咨询业为例，为解决某一特定的复杂问题，需要与解决这类问题的各方面专家组成一个工作团队。团队的成员中，有的是行业发展专家，有的是行业技术专家，有的是管理专家，有的是培训专家，有的是法律专家，等等。

这些专家彼此的特性不相同，有的具有进取精神，有的具有敏感的洞察力，有的能承受巨大的压力，有的具有无限的热情，有的是急性子，有的具有很强的耐心……

他们的专长和能力也各不相同，要贡献不同的知识和技能，如果没有共同的团队目标和一套协调彼此行为的方法，每个人就可能各自为政，任务还未完成，可能就已经出现矛盾和冲突了。

因此，如何平衡团队成员中的多样性，建立一个平衡有效的团队是我们首先要讨论的问题。

我们都知道，多样性可以给团队注入不同的血液，使团队更具有活力，但是有时候多样性也会给团队工作和决策过程带来不同的意见和看法，影响团队成员的情绪和团队领导者的决策，甚至可能会削弱团队的工作成效。

我们需要做的工作就是将这种差异演变成一项资本，让这种多样性成为团队的财富，同时也让团队成员明白多样性并不会对其个性构成威胁，相反，会转变成明显的工作成效和极强的创新能力。

首先，在建立团队的过程中，我们的头等大事是找出有互补技能和经历的人。在此之前，我们可以列一张表，写出完成这项任务所需要的技能。例如，要组建一支团队来对一家分店遍布全国的连锁公司员工进行一次服务态度普查。完成这项任务需要一名有设计问卷经验的人来设计问卷，一名统计员来帮助整理和分析调查表中的数据，一名有电话咨询经验的人去进行电话咨询，一名有能力的管理者（必须有进行跨地区普查能力的经理）对这个团队进行管理。

其次，我们还应认识到团队的性别平衡会增加多样性的积极效果。有关专家通过对一千多个团队的研究发现，一支团队中的女性人数越多（不包括纯女性的团队），大家对团队的运行状况反映就越好。众多团队例会的录像表明，女性重视的是她们对任务的参与程度，而男性则更重视任务本身，把这两种现象结合起来的团队趋向于用更全面的方式来完成任务，这样，团队工作的软件和硬件两个方面都得到了有效的管理。

另外，如果可能的话，要通过各种手段，如适当的奖励和激励机制来保证团队成员中老员工占相当高的比例。因为团队成员共事的时间越长，对彼此的工作风格越熟悉，他们的合作表现也就越佳。当然，世上没有绝对的事情，我们不能否定团队中不时注入的新生力量也会给团队带来新的见解和活力，因而如何权衡好团队中新老员工的比例，处理好新老员工的关系也是团队组建者所要关注的问题。

正如我以上所说的，多样性会带来好处，同样会带来困难，因为多样性往往使得团队成员产生摩擦的可能性大大增加。所以，最理想的状态就是让这些差异成为“牡蛎体内的沙粒”，像牡蛎一样靠这些沙粒磨出世界上最美丽的珍珠。

我们知道，凡事都要有一个度，团队的多样性建设也一样。多样性如果进入极端，每个成员都坚持自己的想法，团队内部的竞争就会十分激烈，团队的总体战略将得不到执行，这样的团队会成为一盘散沙，即使个个是珍珠，放到一起也没有战斗力。所以，多样性应该维持在一定的程度或范围之内。

星巴克咖啡的团队

星巴克咖啡从1987年西雅图的一家街头小咖啡馆开始，发展到在全世界63个国家和地区开设分店，除了在打造其品牌上的独到策略外，团队建设便是其维持品牌质量的至关重要的手段，也是该公司不可替代的竞争力所在。

让我们来看看在保持团队的平衡性上，星巴克是怎么做的。

首先，星巴克在团队管理上将团队管理者视为团队中的普通一员，虽然他们从事计划、安排、管理的工作，但他们并不能享受特殊的权利，依然要做普通员工所做的工作。该公司的国际部主任，在去国外星巴克巡视的时候，也会与店员一起上班，做咖啡，清洗杯碗，打扫店铺甚至洗手间。

其次，每个员工在工作上都有较明确的分工，有的专门负责为顾客点菜、收款，有的主管咖啡的制作，有的专门管理内部库存，等等。但是，每个员工都受过店里所有工种所要求的技能培训，能够胜任店里所有工种的工作，在分工负责的同时，又有很强的分工不分家的概念。

也就是说，当一个咖啡制作员忙得顾不过来的时候，其他人如果有时间，会主动帮忙缓解紧张，完全没有“休管他人瓦上霜”的态度。

星巴克的成功很好地说明了保持团队平衡的重要性，只有团队领导者与自己的团队成员达到某种平衡时，团队才能高效工作，企业才能长久生存。团队平衡后，内部会比较和谐，所有成员的力量在以团队力量为中心的牵引下拧成一股绳，富有极强的战斗力。

与此同时，平衡的团队会给个人一个表现自己的舞台，只要每个人都愿意在自己的工作岗位上尽力，企业的业绩就会有极大的提升。因此，团队的平衡是众多企业团队管理人应该注意的。

赢在团队的秘诀

团队开始运转后，管理者的主要任务就集中在让团队以最高效率运作的目标上。我们就来探讨一下团队在创建之后的建设和管理秘诀，看看怎样打造一支高效团队。

团队大致可以分为生产和服务团队、项目和发展团队、顾问和参与团队、工作队、行动和谈判团队等不同的团队，因为每类团队的特征不一样，管理方法也多少会有所不同。

☆生产和服务团队

管理这样的团队需要采取长期的战略措施，重点放在定期评估、审查以及技能培训等方面。这样做会促使人们提高与创新，确保每一名团队成员在工作中因不断感受到挑战而充满激情和动力，从而生产和创造出具有竞争力的产品，提供更优质的服务。

☆**项目和发展团队**

这样的团队一般生命周期短，人们很少有机会进行团队建设，管理者的职责主要是规划和监控工作进展，导致的结果就是队员之间缺乏有效沟通，经常出现冲突，甚至使团队的凝聚力受损。要解决这些问题，管理者需要对团队中的成员进行培训，让他们学会有效的沟通方式和调解冲突的技能。

☆**顾问和参与团队**

由于这种团队存在周期短，团队成员的组织形式又是临时性的，因而技能培训不是团队的主要任务，相反，管理者要保证团队有清晰的短期目标和实施目标的具体计划；一旦团队实现这些目标后，就应尽快解散。现在有太多的委员会缺乏明确目标，在其失去存在必要后很长时间内还继续保留该组织形式，这是应该尽量避免的。

☆**工作队**

这类团队的管理需要明确的指令，以确保他们按照手册要求，以最高的效率进行工作。数据表明，航空公司的空乘人员尽管在驾驶舱内都进行过合作训练，但大多数飞行事故仍会发生在机长和副机长第一次合作中，所以严格要求是保证工作效果的首要条件。

☆**行动和谈判团队**

团队管理者尤其应当重视制订计划步骤，以保证对所有可能出现的情况都有应对策略。每一次任务完成后，管理者要组织一次总结会，使团队可以从以往所犯的错误中吸取教训。

高效团队原则

有经验的猎人都知道，狼群的组成有其固有的原则。如果没有原则，狼群的力量就会大减；同样，高效团队的建立也要有自己的原则。

☆团队成员多样化

高效团队应由具备不同技能、知识、经验、专长的成员组成。

☆保持最佳规模

团队成员过多会造成协调困难，成员太少会导致负担过重。一般而言，理想的人数为10～12人。

☆正确选拔团队成员

有些个体不喜欢团队工作，应避免把他们选入团队；同时，应根据技能来确定人选，同时注意技能互补，当然这里的技能不仅指作业技能，还包括人际技能。

☆培训，培训，再培训

为了团队有效运作，成员必须具备所有相关的工作技能和人际交往能力，因此，团队必须重视培训工作。

☆澄清目标

只有当团队成员明确团队使命与目标时，他们才能为之奋斗。

☆把个体报酬与团队绩效相联系

应当根据每一个成员对团队的贡献来确定个体报酬，否则他们不会关心团队的成败得失。必须开发一整套具体的方法与指标来测量团队成员的绩效，这些测量工具不仅应考虑团队成员工作的最终结果，还应注意团队成员完成任务的过程。

☆鼓励参与

团队成员参与决策的程度影响着他们对决策执行的正确程度。为使决策顺利进行，必须允许成员参与各项决策的制定、修改与完善。

☆提供支持

团队应让团队成员相信自己能够成功，为此上级领导要提供各种物质、精神支持。如果成员得不到支持与鼓励，他们就不可能全力以赴。

☆重视沟通

为完成共同的目标与任务，团队成员必须及时沟通、相互合作。

☆激发士气

当团队面临挑战时，成员反而会激起斗志，所以当团队完成某项任务后，应该为团队设置更有挑战性的目标。

☆制定行为规则

有效的团队都有明确的规则，告诉成员允许做什么、禁止做什么，因而团队必须事先制定详细、具体的行为规则。

☆定期告知新事实

新鲜的事实与信息可能代表着一种挑战，可以使团队保持创新状态，常与外界交往，团队才不会失去进取精神。

☆**承认与回报重大贡献者**

对于那些为团队成功做出重大贡献的成员，必须予以重奖。当然，奖励可以是物质的，也可以是精神的。

高效团队的原则比较多，所以，组建一个高效团队是十分艰难的；然而，高效团队的建立会给企业带来很大的进步，因此，我们仍然要努力创建高效团队。

如何组建高效团队

小王、小张和老李是一家空调厂的员工。

某天，公司新开发的环保节能型空调出现了故障，即空调指示灯显示运转正常而空调却没有制冷，于是，三个人开始查找原因。

小王是生产线的总装工人，小张是负责生产过程和工艺的生产工程师，老李是产品开发工程师，虽然三个人在公司的角色和岗位职责并不一样，但是，自从这种环保节能型空调投入试产以来，他们经常在一起工作。

在这次团队协作配合中，他们都充分认识到各自的工作特点和能力大小，打破了传统部门分工的限制，围绕这次任务进行分工，协调各自的优缺点，紧密合作，使这个小团队高效地运转，最终完成团队的工作目标。相反，如果他们三个人没有和谐合作，实现团队的高效运作，任务是不可能很快顺利完成的。

从这个案例中，我们可以发现高效团队的优势与特点。

高效团队的优势表现在：

团队整体运作所取得的工作成效通常大于单个人员取得的工作成效；

团队可以有效地解决复杂的问题；

团队工作可以激发人员的创造力；

在团队中成员之间可以互相学习，弥补各自的不足；

团队工作可以加强人员的自省，令团队成员充满工作激情。

那么，高效团队有什么特点呢？

规模比较小，一般不超过10个人；

技能互补，即团队各成员至少具备科技专长、分析解决问题能力和沟通技能；

共同的目的是高效团队组建的前提，可以为成员提供指导和动力；

可行的目标以使成员采取行动和充满活力；

共同手段或方法来促成目标实现；

相互之间的责任。

我们可以试着根据这些特点来让我们的团队实现高效。有一种5W1H方法可以很清晰地帮助团队实现高效。

Who（我们是谁）；

Where（我们在哪里）；

What（我们成为什么）；

When（我们什么时候采取行动）；

How（我们怎样行动）；

Why（我们为什么）。

☆我们是谁（Who）

团队成员深入认识自我，明确各自具有的优势和劣势、对工作的喜好、处理问题的解决方式、基本价值观差异等，然后通过这些分析，在团队成员之间形成共同的信念和对团队目标的一致看法，建立团队运行的游戏规则。

☆我们在哪里（Where）

每个团队都有自己的优势和弱点，而团队任务若想成功又必须面对外部的威胁与机会，通过分析团队所处环境来评估团队的综合能力，找出团队目前的综合能力与要达到的团队目标之间的差距，以明确团队如何发挥优势、回避威胁、提高迎接挑战的能力。

☆我们成为什么（What）

以团队任务为导向，每个团队成员明确团队目标、行动计划；同时，为了能够激发团队成员的激情，应树立阶段性里程碑，使团队对任务目标看得见、摸得着，以此创造使成员兴奋的梦想。

☆我们什么时候采取行动（When）

合适时机采取合适行动是团队成功的关键。团队遇到困难或障碍时，团队应把握时机进行分析与解决；团队面对内、外部冲突时应在什么时机进行舒缓或消除；团队在何时何地可以取得相应的资源支持；等等。这些都必须因势利导。

☆我们怎样行动（How）

怎样行动涉及团队运行问题，包括团队内部如何进行分工、不同的团队角色应承担不同的职责、履行权利协调与沟通等，因此，团队内部各个成员之间也应有明确的岗位职责描述和说明，以建立团队成员的工作标准。

☆我们为什么（Why）

这个问题目前在很多企业团队建设中都容易被忽视，这可能也是导致团队运行效率低下的原因之一。团队要高效运作，必须让团队成员清楚地知道他们为什么要加入这个团队，这个团队运行成功与失败给他们带来的正面和负面影响是什么，以此增强团队成员的责任感和使命感。我们常常讲激励机制需要引入团队建设，这里的激励机制可以是团队荣誉、薪酬或福利的增加以及职位的晋升等。

通过这六方面建设起来的团队虽然是高效的，但是还有可能存在一些问题，所以，我们有必要在团队运行过程中，对团队成员进行面谈或问卷等必要测试，以明确已经或可能产生的问题，同时，对团队运行存在的问题进行分析，并向成员汇报，以确定共同的和重要的问题、主题，提出解决方案。

现在，团队已经建立了，我们如何塑造团队呢？这就是我们接下来要谈的问题了。

团队精神：三个臭皮匠和一个诸葛亮

一只狼在草原上捕食猎物时，往往会有比它更强大的动物来争抢，因此，只有众多的狼组成一个团队时，才能增加成功猎食的机会。

这就是团队精神的问题。试想，一个由数只狼组成的狼团队如果没有团队精神，靠什么去打败一只老虎？

狼群的团队精神是其在草原上取得胜利的保证。

我们都听过有句话叫“三个臭皮匠赛过诸葛亮”。臭皮匠们是如何胜过足智多谋的诸葛亮的呢？仅仅是臭皮匠人数比诸葛亮多吗？

我们都知道著名的“拉绳实验”，它给我们的结论是人多并不一定力量大。

那么，对三个臭皮匠之所以胜过诸葛亮的简单解释，我想应该是皮匠们相互协作、共同努力的结果。

20世纪六七十年代，日本创造了经济腾飞的奇迹，迅速成为世界经济大国。客观而言，日本国土狭小，物质也不丰富，仅在短短的二三十年间就一跃成为世界第二大经济强国，着实让人觉得不可思议。

以美国为首的西方国家对日本的奇迹进行了深入的反思，其结论是，日本企业强大竞争力的根源，不在于其员工个人能力的卓越，而在于其员工整体“团队合力”的强大，其中起关键作用的就是那种无处不在的团队精神。

对于团队而言也是如此，如果说一个高效团结的团队是如今这个日渐复杂的商业社会所必需的，那么团队精神就是这个高效团队的力量支撑。

影响团队绩效的三大因素

一个人如果没有团队精神将难成大事，一个企业如果没有团队精神将成为一盘散沙，一个民族如果没有团队精神也将难以强大。

现代社会把人们组织起来，就是要发挥团队的整体威力，使团队的整体力量大于各部分之和。在一个团队中，只有每个成员都最大限度地发挥自己的潜力，并在共同目标的基础上协调一致，才能发挥团队的整体威力，产生整体大于各部分之和的协同效应。

什么因素可能会影响团队的整体绩效呢？

只有这个问题找到了答案，我们才能领悟到团队精神的本质特征。

在影响团队绩效的诸多因素中，以下三个方面需要我们特别注意。

☆公平因素

团队中的每一个成员都有公平的要求。公平可以分为程序公平和结果公平，一般来说，程序公平比结果公平更能对团队成员产生影响。

比如，百米赛跑中，在公平的比赛机制下，人们只会向自己而不会向第三人抱怨没有跑第一，但如果参赛者没有站在同一起跑线上，那么人们就会对结果是否公平提出异议，进而影响情绪，影响其积极性。

程序公平是要给人以平等的机会，而结果公平是要给人以平等的结果。在满足程序公平的前提下，结果的差异很多时候是因为个人能力以及努力程度的不同，因而人们普遍能够接受；如果程序上不公平，那么就有可能导致秩序混乱。

因此，相对而言，程序上的公平比结果上的公平更重要，如果不注重程序公平，只追求结果公平，势必会导致分配上的大锅饭，从而影响业绩突出的团队成员的积极性，进而影响整个团队的绩效。

☆绩效的评估方法

绩效评价看重的是整个团队的绩效，这是不言而喻的，但是，团队绩效毕竟是每个成员协同努力的结果，因此，必须重视团队成员个人的作用。拥有一套公平、透明的绩效评估体系，对成员的努力情况做出客观科学的评价对一个团队来说是非常必要的。

评估体系不够透明，或者不够科学，就很难对团队成员的个人努力做出客观科学的评估，团队中就会有像南郭先生那样滥竽充数，不为团队建设做出贡献，甚至影响其他团队成员积极性的人存在。

☆人际关系

费孝通先生曾经在谈及人际关系时，对我国的人际关系做过一个形象的比喻："中国的人际关系就像一块石子扔到水里一样，溅起好多好多的波纹，一圈一圈的波纹向外扩散，由近及远，互相交错，利益关系复杂。”

比如，一个有着三个人的小单位，构成了一种简单的三种人际关系，如果增加一个人，就变成六种关系了，而加入的人越多，形成的关系也就越复杂，因为每一个人都像投入水中的石块一样，以自己为中心，形成了一圈一圈的波纹似的由亲而疏的关系网，在相互交错中，形成了错综复杂的关系。

越复杂的人际关系，人们需要耗费在人际关系方面的精力就越多，对团队绩效产生的负面影响就越大。因为人的精力是有限的，在这方面花费的时间多了，用在工作上的时间就少了，必然会影响团队整体绩效。

因此，团队一定要创造一种和谐的人际关系氛围，使团队成员可以在简单的人际关系中，轻松而又全力以赴地进行工作。

只有以上这些问题能够妥善解决，组织内的成员才能协调一致地行动，否则就会产生内耗，所谓的团队精神就无法实现，产生不了整体大于部分之和的协同效应。所以，人多不一定力量大，只有具有团队精神的集体，才能发挥整体大于部分之和的协同效应，否则，人再多也只是乌合之众。

微软的团队文化

微软是以创造团队文化而闻名的公司，以项目小组的形式来开发电脑软件便是由微软首创的。

与星巴克的咖啡产品不同，微软的产品是电脑软件，专业性很强，需要很强的专业知识和创新精神，并要求不能出错。在这种情况下，公司需要的文化并非一团和气的温暖，而是平等又充满争论的氛围，工作在这种团队文化中的团队成员在思想的交锋中能够产生创新的火花，在争辩中可以创造最独特完美的产品。

我们来看看微软的这种独特的团队合作文化是如何创建的。

我们必须强调一下微软公司创立者比尔·盖茨在建立企业文化中的重要作用。比尔·盖茨从小就是个电脑迷，而且其很小就有用电脑知识赚钱的意识，上中学时，他就曾利用电脑为学校的一个项目编程赚钱。

他对电脑的狂热和痴迷使他只追求知识和真理，而对权威毫无敬畏之心。他在从哈佛辍学去新墨西哥州的一家电脑公司工作的时候，公司里没有人敢与公司技术老板争辩，只有最年轻的比尔·盖茨敢这样做。

他与保罗·艾伦创办微软之后，这种敢于向他人思想挑战的风气就被鼓励并发扬光大，他甚至要求向他汇报工作的人以及所有项目小组成员都遵循“敢提不同意见”的原则。

微软项目小组有名的“三足鼎立”结构也就这样建立起来：软件设计员、编程员、测试员，三种人员互相挑刺，刺挑得越多，最后的产品就可能越完善；而项目小组的成员大家都平等，组长也没有特别的权利，主要担任沟通协调的角色，解决任务冲突、人员冲突、时间冲突，使大家愉快配合，按时将任务完成。

在微软，每一个团队成员都十分清楚自己的职责，自己的工作在整体中的位置和顺序以及时间进度。由于分工明确，而且每个人都无法被他人替代，因而彼此都互相尊重，同时敢于提出自己的不同见解。大家都有明确的共同目标，都有让产品按时、按量完成的信念，在此基础上形成的平等又充满争论的团队文化使得微软团队成为世界上最强大的团队。

弘扬“以十当一”的团队精神

今天的社会既是张扬个性、强调英雄的社会，也是需要协同作战，团队制胜的社会。

在一个团队中，实现个人的“以一当十”并不难，真正难的是实现团队的“以十当一”。

“以一当十”只要最大限度地发挥一个人的潜力就行了，而“以十当一”则需要最大限度地发挥十个人的潜力，并且使这些潜力朝着一个方向发展。

其实我们伟大领袖毛主席早已在他的军事指挥中成熟地运用了“以十当一”的思想。

在毛主席指挥的战役中，大多数是“以少胜多”，这在毛泽东军事理论中通俗地表述为“以一当十”。然而，这是对战争中的敌我实力对比而言的。在敌强我弱、敌众我寡的条件下，战争指导者不能超越客观物质基础的许可范围去追求胜利，只能在物质条件许可的范围内能动地夺取胜利。即物质基础薄弱的一方充分发挥人的能动性，弥补物质条件的不足，使力量对比双方发生由弱到强的转化。实现这种转化，就可以在局部造成我强敌弱、我众敌寡的条件，“以十当一”，形成一个富有战斗力的整体，取得战斗的最终胜利。

这种力量对比的转化在商界中也是一样的道理，我们经常可以看到很多企业在建立初期处于市场追随者的地位，这时候企业更多的是采取“以一当十”的策略，因为这个时候企业的规模有限，只有如此才有可能在市场中站稳脚跟。

而当企业发展到了一定的规模，处于市场挑战者和市场领先者地位的时候，企业开始注重制度和文化的建设，这时候企业追求的是团队的“以十当一”，通过绩效考核、培训等方式培养企业内部员工的凝聚力，使企业成为一个富有竞争力的整体。

正如毛主席在《战略问题》中对其军事思想、军事原则的阐述：“我们的战略是‘以一当十’，我们的战术是‘以十当一’，这是我们战胜敌人的根本法则之一。我们是以少胜多的——我们向整个中国统治者这样说。我们又是以多胜少的——我们向战场上作战的各个局部的敌人这样说。”这就是“以一当十、以十当一”思想的精髓。

联想集团的“项链理论”也是对“以十当一”团队精神很好的诠释，他们认为企业之间的竞争是对人才的竞争。

对企业而言，一个个人才就像一颗颗晶莹圆润的珍珠，企业不但要把最大、最好的珍珠买回来，而且要有自己的“一条线”，能够把这一颗颗零散的珍珠串起来，共同串成一条精美的项链。如果没有这条线，珍珠再大、再多也不过是一盘散沙，它们起的作用不过是“以一当十”的匹夫之勇。

那么，这条线是什么呢？这条能把众多珍珠凝聚在一起，步调一致，为了共同目标而努力的线就是团队精神。

联想在其对外宣传中表示，其塑造的员工既像兽中之王老虎那样有“以一当十”的王者风范、英雄气概和雄厚实力，又有分工合作、精诚团结的“以十当一”的精神。联想的每个人都知道自己在团队中的位置和作用，能够把个人目标与团队共同目标合二为一，而这正是联想能够做大做强的原因之一。

21世纪是一个知识经济的时代，对团队合作的要求越来越高。一个人的能力始终有限，作为团队管理者，只发挥员工“以一当十”的干劲是远远不够的，必须提高团队的合作精神，使整个团队发挥“以十当一”的功效。

管理大师彼得·德鲁克说过：“一个人靠一种精神力量生存和发展，因此他的理念决定他的生存状态。一家企业也是如此，无数人的个人精神，融会成一种共同的团队精神，这是一家企业兴旺的开始。”

古今中外，“以十当一”的成功案例不胜枚举，其重要性已经不言而喻。可以说，当今社会不仅是一个追求个人价值实现的时代，更是一个追求个人价值实现与团队绩效双赢的时代。

个人单打独斗的时代已经远去，团队合作的时代已然到来，在团队管理中我们一定要强调“以十当一”。

02

真正的团队精神——合作制胜

狼群在行进中，最常用的一种方法是单列行进，作为开路先锋的头狼体力消耗最大，它在松软的雪地上率先开出一条小路，以便后边的狼节省体力。

头狼累了的时候，会让紧跟在身后的那匹狼接替它的位置，然后它跟到队尾，养精蓄锐。

狼群的社会秩序非常牢固，每只狼都明白自己的作用和地位。狼群进食时，按成员在狼群中的地位依次进食，但是当狼在一起嚎叫时，一切等级界限都消失了，它们仿佛在宣告：“我们是一个整体，不要惹怒我们。”

狼崽们早在与成年狼嬉闹玩耍时，就被训练承担领导狼群的重担，狼群中的每位成员不仅要履行自己的义务，还要准备随时承担起更大的领导责任，狼团队的生命力正在于此。

真正的团队精神——合作制胜

狼群最伟大的品质就是它们的合作精神，我们几乎可以将狼群的行动看成是“合作”的隐喻。狼群在围猎时，有严格的作战纪律，每头狼都有自己的任务，任何狼都不能擅离职守。有些狼要做先锋，去骚扰猎物；跑得快的狼就去围追或者到前面堵截；强壮的狼就去猎杀强壮的猎物；弱小的狼则去猎杀相对弱小的猎物。

羚羊是草原上跑得最快的动物，但它们却常常成为狼群捕食的对象，而速度比它们慢的马群却很少被狼当作捕食的目标，这是为什么呢？因为马也是群居动物，它们也有像狼一样的团队合作意识和团队精神。

马群知道它们如果不紧密地团结在一起，就很可能成为狼群的食物。因此，每当有肉食动物来袭击时，成年而强壮的马就会头朝里、尾巴朝外，自动围成一个圈，把弱小的和衰弱的马围在中间，只要敌人一靠近，外围的马就会扬起后蹄踢倒试图靠近的敌人，而一旦被马踢到，即使不死也会受重伤，所以很少有肉食动物愿意去袭击马群，即使是最有合作意识的狼群也很少袭击马群。

相对而言，狼群更喜欢把灵巧快速的羚羊作为捕食对象，因为羚羊没有互相保护的团队精神。当它们遇到敌人袭击时，羚羊就会四散逃跑，分散开的羚羊即使跑得再快，也逃不过狼群的围追堵截，最终成为狼的美餐。

像足球场上的队员一样合作

在足球场上，每个人都有自己的位置，都有自己明确的任务，或进攻或防守。

后卫不能随便挤占前锋的位置，后腰不能跑到左边锋的活动区域，尤其是守门员更是不能擅离职守。每个位置的队员都要严格遵守主教练的战术安排，协同作战，互相配合，并给予同伴充分的信任。

当球被踢到本方禁区时，将球踢到远离自己球门的位置是守门员和后卫的职责，而其他的队员也有义务去帮助后卫和守门员将球踢出危险地带。将球踢到对方的门内就是前锋和其他进攻队员的职责，后卫虽然有时可以适当插上进攻，但必须首先保证不能让对方的前锋趁这个机会偷袭本方球门得手。

在一个球队中，最重要的就是队员之间的团结精神。虽然有的球队中大牌球星云集，但他们往往不能取得好的成绩，而常常是那些没有什么大牌球星，队员实力并不突出的球队却能让人们眼前一亮。

大牌球星固有的骄傲使他们认为仅凭一己之力就可以战胜对方，所以他们往往不重视团队配合，不遵守主教练的战术安排，这样的球队被虽没有大牌球星但富有团结精神的球队打败并不稀奇。

我们所谈论的团队虽然与足球队形式不一样，但也需要团结精神，需要团队成员之间相互的配合、忠诚和奉献。只有团队中的各个部分、各个成员都围绕团队整体的战略和发展方向互相配合，并在需要时做出某些个人利益上的牺牲，团队的力量才能强大，不可战胜。

善于沟通是团队的润滑剂

狼是自然界最善于交流的动物之一，它们嚎叫、用鼻尖相互挨擦，使用包括唇、眼、面部表情以及尾巴在内的复杂、精细的身体语言或利用气味来传递信息。

对于狼而言，交流的艺术在于密切注视各种各样的交流方式，狼之间复杂精细的交流系统使它们得以不断地调整战略、战术以获得成功。

狼群有一种非常特别的信息传递方式——“狼电话”。在它们的活动范围内，分散着许多公认的“中心”。这些“中心”可以是石头、交叉小路的一角，或者是一个水牛头骨——实际上，任何一条主路上的一个比较显眼的物体，都可以被狼当作“中心”使用。

一只狼在某地呼叫的时候，会把它身上的气味留下来，并且通过这种气味告诉其他狼有什么其他的动物最近来过这里，做过什么事情，等等。它还会判断其他动物是什么时候来的、去什么地方了，以及是否被追捕、是否饥饿、是否已经吃饱了，或者是不是病了。

通过这个系统，一只狼就可以知道它的朋友在什么地方，也知道它的敌人在什么地方。对狼来说，交流沟通就是它们生存的保障，它们完善的沟通系统也正是狼群生存的优势。

☆学会有效沟通

团队领导者的首要责任就是要以简单、明了的言辞说明企业的独特之处、企业日后将何去何从、某方面发展的重要性，以及大家如何通力合作等问题，而这一切都有赖于有效的交流沟通。

通用汽车公司前总经理弗雷德·斯隆说过："我始终认为人的因素是一个企业成功的关键所在。根据我四十年来的管理工作经验，我发觉所有的问题归结到最后都是沟通的问题。"

沟通不仅是领导者个人能力、魅力的体现，也关系到整个公司的效率。关于领导者的沟通能力，美国著名的化工企业杜邦公司总裁夏皮罗曾说："工商领袖在人际关系和沟通这项课题方面是第一号人物。如果把工商领袖的责任列一张清单，没有一项对企业的作用力比得上适当的沟通。"

可以说，这句话很好地诠释了沟通在我们日常生活工作中的重要性。

因为我们在日常生活的沟通过程中，经常会遇到这样或那样的问题，我们许多人大概都犯过这样的错误，在对方还没来得及讲完话前，就按照自己的经验打断别人，大加评论和指点，更经常因为误解他人的话而与他人发生冲突。

因此，交流沟通是团队中最重要的工作，要想展开高效率的工作，有效的交流沟通是团队必须学会的基础功课。

保持危机意识：团队的活命绝招

狼是一种时刻都保持着危机感的动物。因自然衰老而死亡的狼在狼群中所占的比例极其微小，只有1%～1.5%，从这个数字我们可以想象到狼群的生存环境是多么恶劣。

也正因为如此，狼必须时刻都保持高度的警惕性，因为危险时刻都围绕在它们身边，只要稍微放松，就有可能被猎人打死或者被其他肉食动物吃掉。

捕过狼的牧民都知道，狼吃食物时，任何人都不能靠近。一旦靠近，狼就会近乎疯狂地对人进行攻击。狼在吃食物时这种本能的表现就是因为在狼的头脑中存在着危机意识。

没有食物，它们就不能生存。无论是在草原、森林，还是在雪原，狼要获得食物都要经过艰苦的努力，甚至付出生命。狼知道食物的宝贵，夺走它们的食物，就像夺走它们的生命，它们保卫自己的食物就是在保卫自己的生命。

在内蒙古草原上，牧民会在一些牲畜的尸体旁边挖一些陷阱，在里面设置狼夹。狼一旦掉进陷阱里，就会被狼夹夹断四肢甚至腰部，根本没有逃脱的机会。所以，在离牧民居住区较近的地方，狼都会格外小心，它们会用嘴叼一些物体扔到牲畜尸体周围，来看看有没有陷阱。探明没有危险之后，它们才会放心地走过去，但也并不是立刻就去撕咬食物，而是用它们嗅觉灵敏的鼻子去闻尸体，如果有异常的味道，它们就不会吃，因为有可能是牧民在牲畜的尸体上撒了毒药。

正是狼的这种危机意识使得它们能够生存至今，而狼的这种危机意识在我们现在的企业中也比比皆是，最为著名的就是本田公司。

☆本田公司的“鲇鱼效应”

如何才能使自己的企业充满活力，永葆青春呢？这是本田公司总经理本田经常沉思的问题。

在对欧美企业进行考察的过程中，本田发现大多数企业的人员基本上由三种类型组成：一是不可缺少的干才，约占二成；二是以公司为家的勤劳人才，约占六成；三是终日东游西荡、拖企业后腿的人，占二成。而自己公司的人员中，缺乏进取心和敬业精神的人员也许还要多些。那么如何使前两种人增多，而使第三种人减少呢？

如果对第三种类型的人员实行完全淘汰，一方面会受到工会方面的压力，另一方面这种大规模裁员也会使企业蒙受其他损失。因此，对第三种类型的员工全部淘汰，显然是行不通的。

于是他找来自己的得力助手、副总裁宫泽。宫泽认为，企业的活力根本取决于企业全体员工的进取心和敬业精神，取决于全体员工的活力，特别是企业各级管理人员的活力，公司必须想办法使各级管理人员充满活力，即让他们有敬业精神和进取心。

宫泽给本田讲了“沙丁鱼的故事”，引起了本田的极大兴趣。

挪威渔民出海捕沙丁鱼，如果抵港时鱼仍活着，卖价要比死鱼高出许多倍，因此，渔民们千方百计让鱼活着返港。但种种努力都失败了，只有一艘渔船总能带着活鱼回到港内，收入丰厚，但原因一直未明。直到这艘船的船长死后，人们才揭开了这个谜底。原来这艘船捕了沙丁鱼，在返港之前，每次都要在鱼槽里放一条大鲇鱼。放鲇鱼有什么用呢？原来鲇鱼进入鱼槽后由于环境陌生，自然向四处游动，到处挑起摩擦，而大量沙丁鱼发现多了一个“异己分子”，自然也会紧张起来，加速游动。就这样，一条条沙丁鱼就会活蹦乱跳地回到渔港。

本田听完宫泽的故事，豁然开朗，连声称赞这是个好办法。宫泽说：“其实人也一样，一个公司如果人员长期固定不变，就会缺乏新鲜感和活力，容易养成惰性，缺乏竞争力。只有存在外部压力，存在竞争气氛，员工才会有紧迫感，才能激发进取心，企业才会有活力。”

本田接着说：“那我们就找一些外来的‘鲇鱼’加入公司的员工队伍，制造一种紧张气氛，发挥‘鲇鱼效应’。”于是，本田决意进行人事方面的改革。

首先拿来开刀的是销售部经理，因为他的观念与公司的精神相距太远，而且他的守旧思想已经严重影响了他的下属。经过周密的计划和努力，本田终于把松和公司销售部副经理、年仅35岁的武太郎挖了过来。武太郎接任本田公司销售部经理后，凭着自己丰富的市场营销经验和过人的学识以及惊人的毅力和工作热情，受到了销售部全体员工的好评，员工的工作热情被极大地调动起来，活力大为增强。公司的销售出现转机，月销售额直线上升，公司在欧美的知名度不断提高。

本田对武太郎上任以来的工作非常满意，这不仅在于他的工作表现，还在于销售部作为企业的龙头部门带动了其他部门经理的工作热情和活力。本田深为自己有效地利用“鲇鱼效应”的作用而得意。

“鲇鱼效应”发生作用后，本田公司每年都会重点从外部“中途聘用”一些精干利索、思维敏捷的30岁左右的生力军，有时甚至聘请常务董事一级的“大鲇鱼”，这样一来，公司上下的“沙丁鱼”都有了触电式的感觉。

把忧患意识注入企业的竞争机制之中，使组织保持恒久的活力，这就是日本本田公司取得成功的关键。本田营造的充满忧患意识的竞争环境，激发起了每一个人的进取心、荣誉感，调动了员工的工作热情，使得本田公司又重新充满了活力。本田的高明之处在于巧妙地运用了“鲇鱼效应”，牵一发而动全身，在公司上下形成了百舸争流、万马奔腾的局面，达到了“不待扬鞭自奋蹄”的理想效果。

这种“鲇鱼效应”和我们说的狼的危机意识道理是一样的。

“鲇鱼效应”意识在我国企业中非常欠缺，由于传统国有企业模式的影响，我国企业内部的员工养成了养尊处优、随遇而安的习惯，不思进取，不求改变，我们更应当为我们的企业注入危机意识，将“鲇鱼效应”的精神引进当前的公司竞争机制改革之中。

☆点燃危机意识的火苗

人们经常会习惯于既定的行为及作业方式，沉醉于以往的成功经验，这就如同系在马戏团大象脚上的那条铁链，阻碍了个人的进步，也限制了团队的发展。

人都有惰性，一旦环境稳定下来，一旦只要付出50%的精力就可以应付所做的工作，人们就会变得懒惰，不思进取。但是很多人没有意识到，社会在飞速发展，现在已经不再是一个靠经验吃饭的时代，如果不紧跟时代的步伐前进，就只能沦为落伍者。

一个团队如果满足于过去的成就，就容易忽略竞争环境的变化，丧失危机意识；一个团队如果没有危机意识，势必无法应对环境的变化，无法随时准备创新而丧失成长的机会。

因此，团队领导者需要培养成员对团队内外变化的敏感度，预先观察到危机信息，并将危机信息传达给团队成员，建立团队共识，激活团队变革动力以应对环境的变化。

有人说，想让大象跳舞，最好的方式就是放一把火；同样，要让团队保持活力与动力，点燃危机意识的火苗是必要手段。

一些团队在创业之初，对市场环境保持了高度的敏感，热衷于创新与改革；可是，在团队取得一些成绩之后，就渐渐对市场变化失去察觉，没有了危机意识，最终被竞争对手打败。

作为团队领导者，如果希望把自己的团队发展得更加强大，希望自己的团队能长久地在市场中占有一席之地，就必须在团队中造就一种危机氛围，让团队成员时时警惕，处处小心。只有这种危机意识，才能调动团队成员的积极性，才能改进团队工作，有所创新。

团队领导者要激发团队进行变革，就要善于利用各种条件传达危机意识，提高团队成员的危机感。当团队成员都意识到危机的存在时，这种意识就会逐渐在团队中形成求变的共识，团队中就会形成一种“我们一定要改变”的力量，促进团队进行合理变革，以适应激烈的市场竞争。

顽强和坚韧：团队的风骨

在动物界，狼并不是上帝的宠儿，尤其是在肉食动物中，狼并没有丝毫优于其他动物的身体条件。它们没有绝对的速度，也没有庞大的身躯，即使它唯一的武器——锋利的牙齿——也是绝大部分肉食动物都有的。

然而，狼却顽强地在地球上生存了几百万年，即使人类曾经对狼群进行大规模的屠杀，狼仍然生存至今。

这的确是一个奇迹。

现在，越来越多的物种从这个星球上消失，越来越多的动物被人类列入保护的行列，狼却一直没有被人类驯服，也没有弱小到需要靠人类的保护才能继续在地球上存在下去。

虽然我们不能否认狼群的数量一直在减少，但无论是在辽阔的草原、潮湿的热带雨林，还是在干燥的沙漠，甚至在寒冷的北极，仍然生存着狼群。

这是何等顽强的生命，这是何等令人感慨的物种！

狼是不冬眠的动物，它们也很少储藏食物。因此，在漫长而寒冷的冬季，它们必须四处寻找食物。它们的捕食对象，有很多是躲在温暖的洞穴中沉睡的动物，这些动物往往在毫无防备的情况下成为狼捕杀的对象。

虽然，草原上的狼群，一到冬季，还是会由于恶劣的自然条件而被淘汰一部分，但这种淘汰却在无形中优化了狼群。经过冬季的考验，生存下来的狼群有着比原来更顽强和坚韧的生命力。

从落聘业务员到成功企业家

硕士毕业后，高天增在一家企业做了一名普通的员工并取得了不错的成绩，成为令大多数人羡慕的工薪阶层。然而就是在拥有被人羡慕的安逸生活背景下他选择了辞职。

高天增对广州、上海等地进行了几次考察，在南方汹涌澎湃的市场经济大潮的激荡下，他重新确立了人生目标——做一名企业家。

但他清楚自己只懂技术，不懂营销，不懂管理，要创业还有很多东西要学，还有很长的路要走。

结合自己的技术专长，经过一段时间的市场考察，高天增打算进军饲料行业。有了这个方向后，他便决定到当时国内规模最大、效益最好的外资企业北京康地公司，从业务员做起，补上自己创业所必需的“营销、管理”知识。

17年的工作经验，硕士文凭，丰厚的专业知识，高天增选择应聘康地公司的业务代表职务。他深信凭借这些优势条件，别说是基层的业务代表，就是公司的中层管理自己也能胜任。

怀着这样的心理，高天增和负责招聘的香港老总满怀豪情地谈了两个小时，然而最后的结果却是“No”。

落聘了，这一消息对于刚刚辞职下海的高天增来说无异于晴天霹雳，但是高天增并没有因此一蹶不振，对自己丧失信心，而是积极寻找原因，总结经验教训，两个月后再一次到康地应聘原来的职位。

这一次，他不再谈自己的学历、工作经验，只谈自己对业务代表的理解、工作职责，如果应聘上了之后自己开发客户、维护客户的想法、做法等，结果他顺利当上了北京康地饲料公司的业务代表。

如果说21世纪人和人比的是能力，那么最重要的应该就是学习能力。只有不断向别人学习，取长补短，才能不断进步，不被社会抛弃。这个道理谁都懂，但是像高天增这样坚持不懈、身体力行的人却寥寥无几。

经过半年的学习努力，高天增不仅从一位落聘业务员成长为一位优秀的业务代表，而且被提升为康地公司河南区的业务主任。又过了半年，高天增因为突出的业绩和超群的综合素质，被康地公司提升为华中区销售经理，全面负责河南、湖北、湖南三省的销售工作。这个时候，考核他的不再是个人销量，而是整个华中区的销售业绩；考验他的也不再是销售，而是管理。可高天增似乎还没有认识到这一点。

刚上任华中区经理的那段时期，高天增在三个省份的大客户那里来回穿梭，恨不得一天能当两天用。一个月下来，他开发了不少客户，取得了不俗的个人业绩。然而在公司的月总结会上，等待他的不是表扬，而是批评，因为华中区的整体销量直线下降。

这个时候他已经不是一个销售人员，而是一个管理者，他没有做好自己的角色定位，从而使得华中区的整体销售成绩不佳。高天增也认识到了这点，开始尝试把销售目标分解给销售人员，让他们来干自己想干而没有那么多精力和时间干的事情。

目标分解后，高天增不仅增加了销售人员的动力，而且减轻了自己的工作压力，整个华中区的销售面貌有了初步改善。经过一段时间的努力，高天增每月轻而易举地就能完成总公司下达给华中区的销售任务。

高天增开始明白，要想成为一名优秀的销售管理者，除了完成公司下达的销售任务，更要充分调动下属的主观能动性，让他们愿意干、乐意干自己想干的事情，从而实现更高的销售目标。

管理不仅是一种技术，更是一门艺术，在和销售人员的接触中，高天增日益感受到了管理的这一特性。把目标分解给每个省区的销售人员、给他们传授销售方法等这些技术层面的东西很容易做到，但是挖掘销售人员的潜力，调动他们的主观能动性，让他们乐意积极主动地干自己想干的事情并不那么容易。

高天增并不气馁，通过他不断的努力，华中区的所有员工不仅愿意干、乐意干他当初想干但没有足够的精力和时间干的销售工作，而且干得卓有成效——华中区当年的销量不仅位列全国首位，而且那年的销售纪录直到多年后才被打破。

如果没有对于理想顽强和坚忍不拔的精神，高天增恐怕还只是一名普通的员工，永远不可能拥有今天所取得的卓越成绩。

我们无法考究在这个过程中高天增为之付出的努力和艰辛，但是我相信他在这个过程中所表现出来的顽强和坚韧精神是值得我们借鉴和学习的。

理性的战术决策决定团队命运

狼群在围猎动物时非常讲究策略，它们从来不会漫无目的地围着猎物胡乱奔跑、尖声狂叫，它们总会制定适宜的战略，相互间不断进行沟通并将战略付诸实施。

狼从来不靠运气，它们对即将实施的行动总是充分准备，狼群的凝聚力、团队精神和训练成为它们生死存亡的决定性因素。正因为如此，狼群很少真正受到其他动物的威胁。

这也是狼群能捕捉到草原上跑得最快的动物羚羊的原因，狼群总是能依靠各种策略来捕食羚羊。比如，它们会耐心地等待时机，等羚羊吃饱之后再去追杀它们，这时羚羊根本跑不快；而其他的动物都是只要看到羚羊就直愣愣地冲上去，因而很少成功。

组织严密的狼群，会采取连环追击的策略。由于狼群没有羚羊速度快，它们会预先在不同地方埋伏下来，最开始由一群狼追逐，把羚羊赶向预定的方向，追逐一段距离之后，就由第二群狼继续追逐羚羊。直到羚羊筋疲力尽，再也跑不快，狼群才开始咬杀羚羊。而当一只狼咬死一只羚羊后，并不是马上开始进食，而是继续去咬杀其他羚羊，因为它们要为后面的狼群留下足够的食物。狼群的这种作战策略是其他动物所不具备的。

理性的战术决策

在一个企业或者团队中，战术起着至关重要的作用。

在残酷的市场竞争环境下，许多企业因为没有像狼群一样的战术而陷入危机，江河日下。而作为一名团队领导者，其职责之一就是在团队解决问题的过程中做出正确的战术决策。

要想实施正确的战术决策首先离不开理性。虽然理性不能保证一项战术取得成功，但离开理性，战术就很难成功。在商业领域，一个优秀的团队领导者在做战术安排时必须具有理性，要站在全局的高度去思考问题，遇到新情况要冷静对待、临危不乱，确保战术正确。

只有具备理智的领导者才能在适当的时候抓住适当的机会。因为有机遇就有风险，风险不大，机遇也可能不大；风险没有了，机遇也可能没有了。所以，商业界有一句名言："当做一件事情有60%的把握时，可以做也可以不做；当有100%的把握时，就绝对不要去做了。"

当然，领导者也不能拘于理智，因为过分理智也可能会丧失机会。战术无法做到万无一失，人的决策永远不可能达到完全理性、绝对理智的地步。因此，一个团队的战术决策者应该把这种理性精神与对机遇的敏感结合在一起，既有理性的保障，又有把握机遇的意识，只有这样才能为团队和企业创造出机遇，促进团队和企业的健康发展。

03

如何提高企业团队的核心竞争力

面对狼群，凶猛的猎豹也会退避三舍。

这就是狼群的阵型威力。

狼性，表现为自觉的合作意识，牢固的团队精神。

那么，狼性与企业的核心竞争力有什么关系呢？

企业的核心竞争力到底是什么？

北大光华管理学院张维迎教授总结了企业核心竞争力的五大特征。

一是偷不去。核心竞争力蕴含在企业的内部环境中，它是无法复制的。

二是买不来。核心竞争力是市场上没有的，需要自己打造。

三是拆不开。它是一个整体，任何一部分都是不可缺少的。

四是带不走。它不是物品，它无法移动，是根本无法带走的，是与某一特定主体结合在一起的，主体没有了，核心竞争力也就消失了。

五是流不掉。它不是流水，它有它自己固定的特征，核心竞争力一旦形成就成为一个企业的固定文化，不会轻易流失。

保持核心竞争力：企业取胜的关键

先说一个由一部电影引发的管理思考，这部电影就是2014年上映的韩国古装战争电影《鸣梁海战》。由这部电影想到企业管理的企业家是国内赫赫有名的创业导师和著名投资人，360集团的创始人兼CEO周鸿祎。周鸿祎先是自己看了一遍，然后感觉意犹未尽，就带着一批年轻的创业者又看了一遍。看完之后还是感觉不过瘾，就又包场把自己公司里所有的“90后”员工都请来又看了一遍。为什么？就是因为这部电影引发了周鸿祎一个管理上的思考：

“为什么一个大公司的部门总是干不过一个小公司？”

聚焦，提高资源集中使用度

狼群在与比自己强大的动物战斗时，总是集中所有优秀的狼群成员进行攻击。“集中优势兵力，各个击破”说的就是这个道理。

从这个角度出发，我们先来看看《鸣梁海战》的主要情节。这部电影主要讲的是朝鲜名将李舜臣带领12艘军舰，战胜拥有300多艘军舰的强大对手——日本水师的故事。取胜的关键就在于战场的选择上，李舜臣选择的战场是鸣梁海峡，这个海峡非常的狭窄，水面宽度还不到三百米。这样一来对手的优势就荡然无存了，不管有多少艘战舰你都得排着队一艘一艘来。也只有在这样的战场，原本处于绝对劣势的李舜臣才有了取胜的可能。如果是在一片辽阔的海面上，自己12艘战舰被对方300多艘军舰团团围住取胜的机会就微乎其微了。

经过深入的思考，周鸿祎把李舜臣的这种高明的战略总结为“聚焦”。他认为聚焦是每一个想要以弱胜强的团队都必须具备的一种能力，因为作为对手的巨头无论从人才和资金储备还是所占有的其他资源来说都不是一家小公司所能比的。要想取胜就要学会聚焦，提高资源集中使用的力度，从而减小双方力量对比上的差距，甚至实现逆转。

小公司因为小，所以更加容易实现聚焦。因为自己不够强大，所以只能集中力量做一件事儿，然后就会在这一点上形成自己的优势。而那些所谓的巨头，因为体量过大反而不容易做到聚焦，会严重内耗。

核心能力必须做到最强

聚焦，是一个团队形成核心竞争力的关键，但还不是全部。一个团队做到了聚焦，等于说是具有了战胜比自家强大很多的对手的可能性。但是想要真的战胜对手，就必须在所聚焦的这个关键局部形成优势。而要在这个关键局部上形成优势，所依靠的就是一个团队的创新能力。还是回到周鸿祎先生所看重的《鸣梁海战》上来，李舜臣首先选择了一个对自己非常有利的战场，非常狭窄的海面使得对方的战舰没办法全部展开，消除了双方力量上的巨大差距。但是如果只是这样的话，那依然无法摆脱被消灭的命运。如果不在战舰的创新上下功夫形成强大的单舰作战能力，就按照一比一的消耗换算，就算这个海峡窄到只允许一艘战舰通过，那先被消耗光的还是李舜臣那一方。所以，他的第二个取胜的关键就是团队的强大的创新能力。通过创新对自己的战舰进行各种升级改进，让自己的舰队拥有强大的单舰作战能力。这样就在这个关键的局部上形成了自己的优势。

不管是在商场还是在战场上，一个狼性团队往往能够创造出以少胜多、以弱胜强的奇迹。但是这个世界上从来都不存在以弱胜强的奇迹，我们所谓的以弱胜强不过是在整体力量对比处于劣势的一方通过聚焦和创新在一些关键的局部上实现了逆转。让对手整体体量的优势变成关键对决时的无用力量，而自己却能在短兵相接的关键局部变成力量强大的一方。通过巧妙的聚焦和创新所形成的核心竞争力，把对手绝大多数的力量从主力变成场外的啦啦队，再把对手的啦啦队拉上战场，跟自己的绝对主力展开对决。这样的狼性团队，战胜看起来比自己强大得多的对手，也就是情理之中的事情了。这也是周鸿祎先生所思考的那个“为什么大公司的一个部门，往往干不过一个小公司？”的答案所在。

同进同退，凝聚团队向心力

狼群从不莽撞出击，它们一定要等到完全掌握对手的实力后才出击。

它们总会制定适宜的战略，坚持以最小的损失换取最大的利益为行动准则。

在食物缺乏的情况下，它们也会去袭击马群、麝牛群等这些在形体上比自己强大的动物，虽然结果大多是失败，但是对狼群来说，再多的失败也没有关系，只要它们能捕捉到猎物，只要它们能生存下来，就是最大的成功。

狼并不是上帝所宠爱的动物，与自然界的其他生命相比，狼的确不是强者，甚至与某些动物相比，狼还相对处于弱者的位置，但狼却从来没有被别的动物看成弱者。狼给人留下的永远是坚强、勇敢的形象，无论面对怎样的敌人，这种形象都不曾改变。

面对再强大的对手，狼群也丝毫不会示弱，因为它们的狼性里没有

“软弱”这个词，它们必须为了生存而勇敢地去战斗。

众狼一心

狼很团结，这是它们生存的关键因素。

一根筷子，一用力就会被折断，而十根筷子捆在一起就不同了，这是许多人都知道的道理，也是企业管理用以说明团队万众一心所带来强大力量的最为著名的典范，但在现实生活中，许多人却不能领会这个道理。

人有“大我”和“小我”之说，“小我”就是独立的个体单元，“大我”则是集体单元。一个个“小我”就如同沙滩上的细沙，散落得到处都是，没有一点凝聚力；而“大我”就像一堵墙，任凭风吹雨打，屹立不倒。

我们每个人的生活都不是独立的。陶渊明笔下的世外桃源在现实社会中是不存在的，个人的衣食住行跟整个社会都息息相关。工人需要农民种的粮食；农民需要工厂生产的日常用品。不论是工作还是生活，我们每天都要和不同的人打交道。这就是哲学上说的人的社会属性，即人是社会的人，换句话说，人必须在社会中才能成长。

☆关键时刻“众狼”一心

在团队中，没人不愿意当领导，“不想当将军的士兵不是好士兵”，但并非所有人都能心想事成，尤其在虎视眈眈争上位的“群狼”

中间。某些人资历并不算深，之所以在短时间内就成为领导者，是因为他们懂得如何使“众狼”一心，并能成功驾驭“众狼”的行为。

甲刚开始做销售案时遇到一位客户，要求第二天就要看到草案。以往遇到这种事情，是必须报部门经理审批的，偏巧经理带薪休假，副经理在外出差两天后才回。上报给总经理吧，一来为这点小事麻烦他不好；二来按照办事流程，事情比较烦琐，估计时间也来不及。

在大家犹豫不定的时候，甲揽下了销售案，在甲的带领下，其他几位同事也加入了，最终顺利做成了这桩生意。

事后，经理褒奖了甲，甲并没有独自居功，希望经理能同时嘉奖其他几位协助的同事。这样，不仅领导觉得甲挺有能力，同事也觉得甲很够朋友，最后甲更被经理保荐做了部门主管。

在遇到困难时同进同退

狼虽然通常独自活动，但你不会发现有哪只狼在同伴受伤时独自逃走。它们好像比我们更清楚，既然造物主把它们的命运联系在了一起，它们就应该互相帮助、同进同退。

然而，我们人类在很多时候，在互助合作、共同发展方面的表现并不怎么样。我们没有认识到，单独的一只狼或许可以生存，但单独的一个人一定无法生存，因为我们比狼群更需要互助、和谐和共同发展。

很多团队成员每天忙忙碌碌，赴汤蹈火、筋疲力尽，一切都是为了公司，可是一旦共事的伙伴迟到、早退、上班聊天闲谈的时候，强烈对比之下，他们也会变得懒惰，变得萎靡不振。这样失去同进同退的团队会变得十分不平衡，这样的团队最终必定会失败。

始终把自己作为团队的一员，并坚定自己的立场，不因某件跟自己利益挂钩的事情就逃避责任才是一个真正优秀的员工。这样的员工是不会在团队陷入困境时试图从中脱身以求苟且偷生的，这样的员工势必与团队同进退、共存亡。

知己知彼

狼尊重每个对手，并在每次攻击前都会去了解对手。知己知彼，是狼一生攻击很少失误的原因。

我们要明白，有时候胜利并不能说明自己强大，只能说明自己比对手更知己知彼。“知己知彼，百战不殆”，用在如今的商战中，便是在了解对手的计划和意图后，做到先发制人从而取得主动权。可以说，只有知己知彼的团队才能够在商战中百战不殆，因为知己的团队能将团队的优势发挥到最大的状态；知彼的团队能把战略制定得更加细致，更有针对性。

☆索芙特知己知彼取得的效果

巨大的市场容量，较低的准入门槛，相对可观的利润，使化妆品行业成为众多投资者追逐的热门行业。

索芙特就是在这样的市场背景下选择入市并迅速突围的一个品牌。索芙特的发展，经历了一个由小而大，由一个名不见经传的中小企业，发展到今天知名品牌的历程。索芙特的成功与其知己知彼、创意先行的策略是分不开的。

当时的化妆品市场，大部分在强调一种精神感受，真正能把功能利益点落到实处的产品还很少，于是，索芙特看准了这一市场，看准了竞争品牌的弱势，在产品开发和品牌营销上，率先走出了介于类似保健品与化妆品之间的品牌战略路线，从而迅速与其他品牌区分开来，使产品获得了强大的附加值及信任值，并因此取得了很好的市场效果。

索芙特的市场选择有两个重要的影响要素：

其一是特殊利益需求者；

其二是有购买能力者。

这两个市场对价格都不太敏感，他们更关注产品的性能。面对清晰的定位，索芙特更关注的是如何使消费者支付的价格达到利益最大化。所以，它敢于实行特殊价格，成功实现了其价格差异化与市场差异化战略。

进行了差异化的市场定位以后，索芙特便在差异化的市场层面开发出与竞争品牌完全不同的产品，走创意先行的道路。在产品开发方面，索芙特坚持开发高附加值产品，不参与非理智的价格战，在获取合适利润的前提下实现了高速发展。这方面从其产品开发之旅可见一斑。

索芙特洗面奶全面进入市场后，先从消费者的需求入手，一下子推出了“十大美女”洗面奶，包括木瓜白肤、珍珠白肤、柠檬白肤、收缩毛孔、微粒护肤、MG祛痘、芦荟保湿、羊胎除皱、眼圈活肤、瘦脸单品。“用洗脸的方式解决面子问题”，独特的产品，使索芙特在洗面奶市场上高歌猛进。

全面上市第二年，索芙特洗面奶已登上了国际同类品牌销售量第九名、国产品牌第一名的宝座。

可以说，索芙特的成功，与其深入研究行业，深入分析竞争品牌优势、劣势，做到知己知彼，百战不殆是分不开的。在这一思想指导下开发的索芙特系列产品，做到了“人无我有”，从而迅速占领了市场。

管理狠一点，提高核心竞争力

华为是中国企业中极富狼性文化的公司，它的狼性文化造就了华为现在的成功。对于华为来说，核心竞争力不是技术而是市场，而打造市场优势正是华为团队的力量。

人们都说华为用三流的技术卖出了一流的市场，其销售铁骑不但跨过亚、非、欧，还把战火烧到了太平洋彼岸的美国。华为的营销人员数量之多、素质之高、分布之广、收入之高都是中国企业史上前所未有的。

华为营销的核心就是华为的营销团队。华为的团队建设是相当成功的，几乎囊括了所有优秀团队的基本特征；与此同时，也正是这种巨大的、狼性十足的团队精神奠定了整个华为胜在营销的核心竞争力。

所以从根本上说，华为的核心竞争力是其团队的营销力量。

华为狼性锻造艺术

华为的业绩让很多企业羡慕。同样，华为团队塑造的成功，更是让其他人想探究其中的奥秘。

怎样才能造就出一支像华为一样狼性十足的营销团队？

怎样使团队精神更具有“狼性”？

☆制度化用人

华为总是把培训过的新销售人员直接派往华为在全球各地的分公司或办事处，让他们在市场一线展示自己的才华和接受实践的改造。

有人说，华为这样的行为是盲目的。

然而，事实却证明华为的决策是明智的，在华为的销售人员中，业绩最好的销售人员并不是最富有经验和经历的人，而是那些刚刚从大学毕业的雄心勃勃的新员工。

而且，华为市场一线人员的工作年限一般不会超过3年，因为3年的时间足以让销售人员了解华为产品胜于其他公司产品的优势和劣势，一旦了解了这些，销售人员的士气就会大减，从而无法保证一线人员永远充满活力。

国有国法，家有家规，华为在打造自己营销队伍的时候也逐步健全了自己的营销制度。创业初期，华为销售人员凭借自己对销售的理解去争夺用户的订单，管理客户资源。但是随着销售队伍的扩大，销售区域的增多，华为认识到如何管理巨大的营销团队和客户资源成了一个必须解决的问题，华为开始对营销人员做出基本的行为规范。早在1997年，华为总结公司过去的发展，制定了华为公司的基本章程，具体包含：

公司的宗旨；

基本经营政策；

基本组织政策；

基本人力资源政策；

基本控制政策；

接班人和基本法的修改。

可以说，华为公司基本章程统一了华为所有的规章制度，其出台标志着公司制度建设的进一步成熟。

☆有效激励

我们都知道，激励有物质激励和精神激励两种，华为也不例外，一个优秀的销售人员不单单可以得到总部的物质激励，还可以得到各种形式的精神激励。

华为是中国员工收入最高的公司之一。据外界传说，在华为工作5年以上的中层干部可以买下一艘游轮。华为的高薪一方面使得优秀的人才聚集华为，另一方面也激励了人才的积极性。

华为实行的是按劳分配与按资分配相结合的薪酬制度。按劳分配的依据是：能力、责任、贡献和工作态度，按劳分配要充分拉开差距。股权分配的依据是：可持续性贡献、突出才能、品德和所承担的风险，股权分配要向核心层和中坚层倾斜，股权结构要保持动态合理性。按劳分配与按资分配的比例要适当，分配数量和分配比例的增减应以公司的可持续发展为原则。

华为的精神激励主要有荣誉奖、职权奖。华为有各种各样的奖励，公司还专门成立了一个荣誉部，专门负责员工的考核、评奖，对员工点点滴滴的进步都给予相应的奖励。

华为的荣誉奖有两个特点。

第一，面广人多。只要你有自己的特点，有自己的业绩，你就能得到一个荣誉奖，所以员工很容易在毫无察觉的情况下获得了公司的某种奖励。

第二，物质激励和精神激励紧紧绑在一起。在华为，获得任意的荣誉奖就可以随之得到一定的物质奖励，而且荣誉奖没有上限。

华为通过物质与精神方面的奖励，激发了员工的积极性。员工积极性的提高也随之给企业带来了巨大发展，使得华为在市场上立于不败之地。

华为狼性彰显实力

华为是一个十分庞大的企业，员工众多。这么多的人如何进行管理是一个十分棘手的问题，需要依赖一种精神把这样一个巨大而高素质的团队团结起来，使企业充满活力。华为找到了这种精神，就是狼性团队精神。

十几年来，华为一直做得很好，狼性团队精神不但使华为取得了瞩目的业绩，更使华为成为中国企业史上一个独一无二的例子。

华为的狼性精神，还给企业增长带来了巨大的动力，为其他国内企业的发展树立了很好的榜样。

☆华为的狼性管理及服务

华为是狼性企业的标杆。华为认为狼是企业学习的榜样，要向狼群学习“狼性”，狼性永远不会过时。

华为的“狼性”并不是天生的，现代社会把员工团队合作精神的问题留给了企业，企业只有解决好了才能获得生存、发展的机会。华为正是按照我们上面所说的很好地解决了团队合作的问题并锻造出一种卓越且独一无二的狼性精神从而取得了如今的成就。

“胜则举杯相庆，败则拼死相救”是华为狼性的体现。

在华为，对这种狼性的训练是无时无刻不存在的，就是这种狼性将华为内部员工紧紧地联系在一起。

和狼一样，华为有着极强的忧患意识，要求员工对未来可能面临的困难团结一致。华为人认为只有这样，才能找到未来的发展之路。

华为的管理模式是狼性管理模式。

狼性管理要求企业内部的各个职能部门相互配合，通过互助网络，对任何问题都能做出迅速反应；否则，就会暴露狼性管理的最大弱点：多头管理，职责不清。华为销售人员在相互配合方面的效率之高让客户惊叹，让对手心寒，因为华为从签合同到实际供货只要四天的时间。

华为接待客户的能力更让一家国际知名的日本电子企业领袖在参观

华为后震惊，他认为华为的接待水平是“世界一流”的。

华为拥有一个专业的客户服务系统，几乎所有部门都会参与客户服务系统的制定，但是，我们很难想象，假设没有狼性团队精神，华为完整的客户服务流程是否还能顺利完成。

☆狼性塑造的企业文化

真正理解企业文化和实施企业文化战略的企业并不多，华为是其中之一。

企业文化是华为之所以为华为的一个不可缺少的东西。企业文化在华为不单单是口号，更是实际的行动。华为的企业文化可以用这样的几个词语来概括，那就是“团结”“奉献”“学习”“创新”“获益”和“公平”。华为的企业文化还有一个特点就是做实。

◇团结

华为的企业文化是建立在国家优良传统文化基础上的企业文化，这个企业文化要求全体员工团结合作，走群体奋斗的道路。有了这个平台，员工的聪明才智才能很好发挥，并有所成就。对于华为员工来说，没有责任心，不善于合作，不能群体奋斗的人，等于丧失了在华为进步的机会。

◇奉献

可以分为若干个层次。

第一层次是为华为奉献自己的价值，使自己的团队更加卓越。在企业管理中，提倡为员工提供良好的发展前途而共同努力的团队很多，但真正做到的很少，华为就是本土企业中的一个。

第二层次是为自己的客户奉献价值。为客户奉献价值在华为有三个层面的含义：

第一层面，华为通过自己的产品和服务为客户创造价值；

第二层面，华为的营销手段已经超越了大多企业的吃、喝、玩、乐、拿模式，采用了“营销＋咨询”的模式，为客户提供电信运营解决方案；

第三层面，华为要为整个国家、整个社会奉献华为的价值，实现这个价值华为主要通过两个方面来进行，一个是生产出优质的产品，另一个是设立各种回报社会的基金，如寒门学子奖学金等。

◇学习

在通信行业，技术更新速度之快，竞争之激烈是其他行业所不能比的。华为深知此道理，因此在华为内部，学习能力不强的员工一定会被淘汰。

对于学习，华为有自己的观点，“欲速则不达”，华为希望每一名员工都能丢掉速成的幻想，学习日本人踏踏实实、德国人一丝不苟的敬业精神。现实生活中能精通某一项技术是十分难的，想提高效益、待遇，只有把精力集中在一个有限的工作面上，才能达到熟能生巧、炉火纯青的地步。

什么都想会、什么都想做，就意味着什么都不精通，华为认为，做任何一件事都是一个学习和提高的机会，都不是多余的，应当努力探索兴趣所在，真正学到一些东西。

◇创新

华为公司推崇创新，对创新秉承孜孜以求的精神，对此，华为形成了自己的观点。

其一，没有创新是华为最大的风险。这个观点是对创新的肯定。因为华为的研发能力与国外同行相比差距很大，有人据此认为华为没有必要创新，而华为认为创新是一个不断发展的过程，不论企业的技术达到何种程度都有提高的可能，没有创新就没有进步，也就意味着落后，这将是非常危险的。

其二，华为创新的动力来自客户的需求和竞争对手的优秀，同时也来自华为内部员工的奋斗。这个观点解决了华为创新动力来源的问题，为华为找到了开启创新之门的钥匙。

其三，华为创新的内容主要体现在技术和管理上。技术的创新华为已经做得很好，管理上的创新对于华为来说，同国内多数企业一样是一个难题，这个观点也回答了华为要在什么地方创新的问题。

其四，创新的方式。华为主张创新轻重有别，创新要集中力量，各个击破；创新需要团队作战，不赞成个人英雄主义。这个观点解决了华为的创新方式问题，为集中华为的有限力量，确保华为创新的成功提供了方法保障。

◇获益与公平

获益是华为文化的核心、基础。

华为绝对相信重奖之下必有勇夫，华为的工资水平在深圳是最高的，在全国的同行内也是最高的，因为华为相信高工资是最大的激励方式。华为的薪资制度不但具有竞争力，同时也体现着公平原则。华为有一整套完整的考评系统，通过考评系统获得的信息对员工的薪资进行公平的定位，这也是华为获益与公平的一个体现。

华为成功给我们的启示

狼性精神很抽象，也很容易扭曲，这就需要有一项保障机制，使得狼性可以长期保留。

在华为，这种保障机制就是华为的企业文化。

华为告诉我们，使团队富有狼性精神是非常艰巨的工作；然而，华为也告诉中国的本土企业，“狼性”的培养是可能的。

成功没有捷径，从招聘人才，到培训人才，再到使用人才、激励人才和留住人才，每一个环节都需要企业付出心血。

狼性团队的打造是不可能一蹴而就的。

没有专业的招聘，华为就不可能招到良才；没有系统的培训，华为将无法塑造自己的销售铁军；没有完善的机制，华为就无法让整个销售队伍统一思想，华为对销售团队的管理将“无法可依”；没有严格的考核，华为的薪酬制度将没有任何的意义；没有公平、有效且完善的激励制度，企业的销售团队将像死水一样毫无动力！

一支军队没有灵魂，可能在瞬间就会分崩离析；而一个有灵魂的军队，即使遇到一时的困难，即使面临分崩离析的危险，也会迅速重新组建起来，在战场上扬威。

对于企业的营销团队建设来说，也是如此。

04
管理者的领导力训练

管理学中有一段著名的话：一头狼带领的一群羊可以打败一头羊带领的一群狼。可见，对于一个团队来说，领头人的作用是非常重要的。

团队的领导者，掌握着团队的发展方向，决定着团队的生死存亡。所以，怎样当好团队中的“领头狼”是不得不思考的问题。

一方面，他们要在团队中树立自己的权威；另一方面，还要协调团队中的各种矛盾，为团队的发展找到方向，带领团队不断成长壮大。

领导者怎样才能让自己像头狼一样，在团队中树立威信，使团队紧密团结在自己身边，并带领他们战无不胜呢？

我们先来看看中国人寿广西柳州分公司有优秀团队典范之称的张杰团队。

张杰团队成立于2000年9月，经过4年的共同努力，现有业务员

216人，其中大专文化以上占50%，党员23人，业务管理者40人，经理2人，分经理3人，讲师20人，先后有40人荣获市、省、全国系统“营销精英”荣誉称号。

团队管理者张杰9次荣获中国人寿金质奖章，团队年年提前超额完成上级公司下达的保费任务，连续多年被评为“广西分公司优秀团队”，成为广西人寿最佳绩效团队之一。

张杰团队是一个关系明晰的团队，虽然人员的学历、年龄、工作态度各不相同，但由于张杰管理得当，该队伍不断发展壮大，并保持长盛不衰。

张杰团队取得这样的成功在很大程度上是与张杰个人的努力分不开的。下面，我们就来看看一名团队领导者对一个团队的巨大影响作用。

1996年9月，张杰加盟中国人寿，开始从事极具挑战性的寿险营销职业。凭着积极向上的心态和坚定必胜的信心，张杰在业务上取得了优良成绩。但张杰很快意识到要在寿险行业大有作为，必须有自己的经营定位，寻找合作伙伴，打造自己的寿险王国，从此，她开始组建并经营自己的团队。

张杰开始起步时遇到不少困难，但她都想尽一切办法解决：团队培训跟不上，她亲自授课辅导；没有组训，她亲自上台宣导。

就是凭着这样一股坚强的决心和毅力，到2000年9月，团队发展到41人，张杰同时晋升为营销部经理，张杰团队也成为广西人寿系统一个颇具独特管理模式的营销团队。

这个时候，张杰开始认识到，一个优秀的团队领导者不仅要充分发挥自己个人的才华，更要有广纳贤士，利用团队成员的聪明才智扩张团队整体能力的用人能力。

她知道，只有走上组织发展的道路，个人事业的规模才能够扩大开展，而想要经营团队，增员势在必行。正因为如此，她抓住每一个契机，加强对组员进行宣导。

张杰增员的新理念，使团队的增员热情高涨，新人的整体素质也有很大提高，他们原来大多是企事业单位的技术员、干部、教师、医生、会计师等，进入公司后，不少已成为团队的骨干力量。

同时，张杰还制定增员的奖励措施，激励全员增员；设置了伯乐奖，奖励每月增员成绩突出的伙伴；设立新人育成津贴，组员增员还可拿到津贴。

这几项举措，极大地激励了全体营销伙伴增员的热情。

为留住新人，张杰团队很注重强化新人的教育培训，培训的方式主要有：

新人岗前培训专人辅导；

新人培训后衔接教育；

新老业务员回炉培训；

管理者、组训专职培训；

举办各种类型专题讲座，等等。

作为团队的管理者，要有以身作则，为团队树立榜样的精神，这点张杰做得非常好。

她不仅鼓励大家增员，自己也十分注意增员。她刚入公司时，一位客户的妹妹没有工作，每月靠丈夫200元工资过日子，家庭十分困难。张杰得知后，立即介绍她到广西人寿做营销工作，并进行传帮带。几个月后，这名业务员的销售业绩不断攀升，全家的日子越过越好。

后来，张杰晋升为营销部经理后，更是把壮大组织规模作为重要工作来抓，并把它与发现人才、培养人才、造就人才结合起来，壮大公司实力，夯实团队基础。

多年的营销经验使张杰深切体会到，要打造金牌团队，必须全面提高业务员的整体素质。

为培养团队的组织架构，提高绩效，张杰从晨会到客户联谊会，都采取轮流值周制，每一个团队中的小组带头人轮流上台宣讲，锻炼大家的语言表达能力，还在团队中分设晨会策划部、教育培训部、职场文化部、人力资源部、群工部五个部门。

张杰的部门营销人员全部实行竞争上岗，同时，她还鼓励新人与不同层面的人交朋友、打交道，每天保持10个人以上陌生拜访。不管是晴天雨天还是寒冬烈日，在龙城，人们都能看到张杰团队的营销员奔忙在工厂、学校、医院、商店、居民区的各个角落。

张杰团队取得这样的成绩是大家有目共睹的，通过这个例子我们也可以深刻地认识到，一名优秀的团队管理者需要具备哪些个人素质以及团队领导者对团队的重大影响作用。那么要如何才能将自己塑造成为狼团队里杰出的头狼呢？

这就是我们接下来要讨论的话题。

风格塑造：形成符合团队实际的领导风格

头狼是整个狼群的领袖，是受到多数狼肯定的狼。试想，如果狼群的领袖在很多方面得不到狼群个体的认可，那么它的领导将无法进行，必然失败，这个狼群在草原上的战斗力也就成了虚谈。

头狼和我们的团队领导者一样，也有自己的领导风格，因为每个狼群都有自己独特的东西。如果狼群领袖不顺应狼群，具备相应的特征，它将被这个狼群所抛弃。当然，在成为狼群的领袖之后，狼群某些独特的东西是可以更改的，只要这个头狼有足够的魅力和魄力。

同样，作为一个成功的领导者，自身所表现出来的个人魅力在管理过程中的作用也是不可低估的。

✿ 领导风格：独特魅力之源

你或许有过这样的经历：

童年或者幼年的时候，曾经为有一位和蔼可亲的长者而开心地笑，因为他所展露的沧桑打动了你；

学生时代，曾经为某位幽默风趣的老师而入神地听课，因为他诙谐的讲课方式吸引了你……

那么，当你刚走上工作岗位的时候，是不是曾为一位办事稳健的老板而卖命工作？

也许，这就是他独特的领导魅力吸引了你。

那么，何为魅力呢？这里的魅力主要是团队领导者所具有的能够对团队成员产生强大吸引力的独到之处。

一般来说，以下几种团队领导者容易获得团队成员的认同与尊敬。

☆我的地盘我做主

这种领导风格要求领导者有足够的才智与能力，他们统管全局、立场鲜明、具有领导威信、行事果断，对下属寄予很高期望的同时要求下属把工作做到最好；另外，一旦某个环节出了问题，便能够追根究底，发现问题出现的根源，并及时解决该问题。

☆让猴子当大王

这种领导风格意味着给其他人发展自我的环境——赋予他们权力，

对他人的意见洗耳恭听，并且与团队成员荣辱与共。这种授权式的领导风格在管理舞台上可以说最受团队成员欢迎。

☆我只做你的引航灯

这种领导风格的领导人致力于为团队设定长期方向，即发展蓝图。他们对组织的事务想得很全面，寻求发展团队的各种路子，将团队成员团结在统一的目标远景与战略之下。但是，他们很少具体参与到管理中来，而是对团队进行文化与个性的教育和指导，使团队成员在工作中能够自觉发挥自己的能量，并善于集思广益，从而最大限度调动团队成员自身的积极性。

☆自己动手，丰衣足食

这种领导人关注的是短期成效，他们不辞辛劳，亲自参与到操作过程中，对战略的具体实施情况十分清楚，并认真留意每一个细节，通过对各环节的参与，了解团队成员的工作情况和实际需求。

如果你刚成为一个团队的领导，在还没有形成自己领导风格之前，什么样的领导风格最适合你呢？

俄亥俄州立大学研究者认为，高结构、高关怀的“授权型”领导风格最好，最有效。

这种领导风格（方式）兼顾关怀与结构、关系与任务两个方面，在领导行为与领导过程的结果之间产生双向互动的影响。世界著名领导力研究专家布莱克和莫顿也认为，高度关心人、高度关心生产的团队型领导风格是最有效的领导方式。

这种风格和我们上文中提到的让猴子当大王的领导类型大同小异。在高度人性化的现代社会中，越来越多的著名团队都是在这种风格的引领下走向成功的。

美国西南航空团队的创始人赫伯·凯勒赫从团队成立第一天就强调，团队的竞争优势就是自己的团队成员所散发出来的魅力。团队在成立伊始就倡导“以人为本”，所有团队成员都享受利润分红、持股权以及在团队内成长、发展和晋升的机会，西南航空团队最大的成功之处就在于它成立至今从未有过与团队成员的劳资之争。

宝洁也是较早在制造车间中采用团队成员参与管理实践团队管理模式的企业，它的团队成员持股计划就是将团队股票的30%交到团队成员手中。

根据卢因的领导风格理论，“让猴子做主”的领导风格工作效益最高，不但能够积极完成工作目标，而且可以造就关系融洽的群体成员关系，提升成员的工作积极性，使他们的自觉性和创造性能够更加淋漓尽致地体现出来，同时，可以让领导者和团队成员结合得更紧密，使领导者更容易了解团队成员。

但是，影响领导风格成效的因素很多，我们不能像给小学生的成绩打分一样简单排序，分出最优、次优……最差来。

我们不能说哪种领导风格就一定比别的领导风格好。“存在的就是合理的”，虽然这种哲学观点还没有得到大家普遍认可，但在实际领导案例中发现，每一种风格都有其成功和失败的例子。

即使是广受人们推崇的“猴子做主型”领导风格也有其不足之处，

它会导致无休无止的动物会议。也许，孔雀会渴望开辟出一片绿地来供自己展示魅力，啄木鸟主张先灭掉害虫，而黄莺则埋怨啄木鸟的笃笃声影响了它的歌声。

恰恰相反，备受人们贬低的“由我做主”领导风格，虽然在许多时候具有破坏性作用，但也并非一无是处。如果一个团队遇到天灾人祸的危急时刻，需要快刀斩乱麻，抓住稍纵即逝的宝贵时机，激发人们团结一致应付难关时，“由我做主”的领导魄力就显得极为重要了。

丹尼尔·戈尔曼对领导风格的研究成果也证明了这一观点，他的研究发现：

“由我做主型”领导风格在组织发生危机、开始转型或处理问题团队成员时最适合运用；

“引航灯型”领导风格在组织变革、需要新的远景目标或一个明确方向时最为适用；

“让猴子做主型”领导风格的最佳使用时机是在征求团队成员想法或笼络团队成员，力求形成共识时；

当要求积极性高、能力强的团队立刻拿出成果时，“自己动手型”领导风格则最合适。

其实，领导风格在实践中是丰富多彩甚至是相互融合的，并不能说谁更适合某种领导风格，谁不适合某种风格，更多时候，只能说在某个领导人身上某种特质体现得更多一些而已。

任何一个成功的领导者在工作中都会时时调整自己的领导风格，不同的领导风格就像高尔夫球职业选手球包里的一套球杆，在比赛过程中，选手会根据击球的需要选择最合适的球杆。

这就是说，没有一种领导风格能够“包打天下”，团队领导者如果只具备单一的领导风格，并把它一意孤行地到处使用是很难带领团队成功的。

成功不能简单重复，优秀的团队领导者需要熟练掌握和恰当运用多种领导风格（一套球杆），根据实际领导情境（击球）的需要，选择或组合使用不同的领导风格（球杆），才能卓有成效地达成领导活动的目标。

领导风格既是一门科学又是一门艺术，领导风格的选择与学习、组合与运用有很高的艺术技巧，永远都不可能成为精确的科学，它需要人们从艺术层面去学习理解、掌握和运用。

团队领导者身处瞬息万变的商业环境，要想在经营管理活动中随机应变、百战百胜，就必须在自己的战场上，像高尔夫球选手那样天天挥杆练习。

融入个性：风格源于个性

每个头狼都有自己的个性，它们可以靠自己的个性魅力去赢得狼群的尊敬和信任。有个性的头狼在遇到艰难险阻时，不同的个性会使其做出不同的反应，只有不顾困难，坚决走下去的头狼才能率领狼群走出困境，迎来一个又一个的胜利。

头狼风格源于自己的个性。个性是一头狼最为本质的东西，靠着最本质的个性，它才能形成自己独特的风格，从而赢得狼群的持久信任；而有了群狼的支持，头狼的领导才会得到进一步加强。

那么，优秀的团队领导者在个性上应该具备哪些特质呢？

对团队成员来说，都希望自己的领导是下面这样的理想人物。

对管理，有着自己独特的方式；

对形势，着眼于组织的未来，既锐意革新，又紧密结合实际；

对业务技术，有清醒的认识和深刻的理解；

对他人，总是亲切、谦和，使人如沐春风。

一句话总结，就是政治家的智慧、科学家的头脑、外交家的风度。

这当然是理想化的，一般人不能也无须达到，但是作为一个成功的团队领导者，正如我们上面所列举的张杰团队，起码应具备以下四个方面的个性特征。

☆高瞻远瞩的眼光

团队领导者是决定组织未来的关键人物，因而一定要具备超人的眼光，即所谓善于发现潜在能量的能力，包括挖掘潜在经营利润的能力和挖掘潜在人才的能力。

面对激烈竞争和纷繁变化的世界，领导者要能够找到正确的方向，带领部下全力以赴去争取胜利；此外，还要有合理的冒险精神，即敢为天下先的精神，只墨守成规是无法适应21世纪竞争的。

☆睿智敏锐的头脑

睿智是指作为团队领导者，首先应当有清晰的人生观，可以引领自己克服人生的困难；其次要有洞察力，在团队成员面临人生选择时为他们提供好的指导，并通过指导提高领导者的威信和组织凝聚力。

敏锐是指作为团队领导者，应当善于从复杂的现象中抓住主要矛盾，保证方向不被偏离；其次要有创新精神，能及时从其他组织和其他人那里发现对自己组织有利的事物，善于学习和运用，保持组织活力。

☆海纳百川的胸怀

人人都明白“兼听则明，偏信则暗”的道理，但现实中许多领导者还是在重复犯这种错误。因此，领导者一定要身体力行，广开言路，保证每个成员都可以诚实地发表自己的意见，而且好的意见还会得到鼓励。时间久了，组织内部就会形成一种诚实的文化，这也是提高决策效率最好的办法之一。

此外，一些团队成员的个人特点往往比较鲜明，作为团队领导者一定要取人之长，为他们创造好的环境，使得人尽其才、物尽其用。

☆从容优雅的风度

所谓从容，是指面对变化和困难表现出来的强烈自信和快速反应能力。

首先，要有“泰山崩于前而色不变”的大将风度。团队领导者是组织的主心骨，是众心所向、众望所归的人物，所以必须有应对困难的信心和能力，并在解决困难的过程中推动组织前进。

其次，要有风趣高雅的谈吐和得体的举止。团队领导者是组织的形象代言人，需要树立良好的形象为组织做好宣传，得到尽可能多的社会认可，这对个人和组织拓展事业都有益处。

上述这些最基本的个性只是团队领导人成功时必备的条件，在管理的过程中，更具吸引力的是领导者自己独特的个性。

许多人认为，一个人个性中的一大部分在早年生活中就已经定型了，但是，没有人知道个性中到底有多少成分是会发展的，或者这种发展可以提高到何种程度，可以带动个性发展到何种高度。

个人的实际行为便是他的个性体现，这种行为可以是强劲有力的，也可以是软弱无力的；可以是出色的，也可以是蹩脚的。

如果一个人具备强烈的个性，他便会体现出极大的干劲、精力、决心、自律、毅力以及胆量。他知道自己想要的东西，而且会坚持追求，永不放弃；他会吸引众多的追随者，带动这些追随者取得卓越的成绩。

而如果一个人缺乏个性，那么，他便不具备以上特点。他缺乏条理，犹豫不定，并且处于矛盾之中。这样的人永远也不会有真正的追随者，永远不可能获得真正的成功。

角色转型：从优秀到卓越的蜕变

人格魅力，是精神领袖的一种价值取向，对于领导者来说，从优秀到卓越的角色转型是必需的。

卓越领导：吸引力、凝聚力、执行力

头狼的卓越领导力包括吸引力、凝聚力和执行力。

头狼的吸引力造就了它的狼群支持力度；头狼的凝聚力则是头狼通过各种手段和技巧来形成的；头狼的执行力是在具备吸引力和凝聚力基础上的卓越领导力的具体体现，也是领导者卓越领导力中最关键的一部分，因为它脱离纸上谈兵的夸夸其谈，真正落实到实际行动中。执行力是最能衡量头狼领导力的因素，只有执行力强的头狼才能带领狼群走出泥潭。

团队领导者作为团队舵手的精神领袖有其特殊的作用，我想起了一个朋友真实的故事：

当年，他本来有份很好的职业，收入不菲，后来加入了现在的团队。在当时，这个所谓的团队连他在内只有3个人。

由于他和另外一个人被发起人某些方面的风范和能力所折服，因而他们一起走过了创业中最艰难的5年。5年中，他没有拿过一分钱薪水。

尽管当时众亲友竭力反对，但总有股难以言传的力量支撑着他团结在这个创业团队中。也许，就是发起人的人格魅力吧，每次遇到挫折时，发起人总能散发出极具感染力的精神，这种精神将他们3个人紧紧地团结在一起，并使他们最终风雨同舟挺了过来。

在很多生活场景中，我们经常可以听到这样的话语——我以人格担保。可见，人格的确是有魅力可言的，人格魅力是客观存在的，往往会说服和打动别人接纳你的观点，经过有效沟通达到目的；而人格无魅力或者魅力孱弱的，往往在申请合理请求时也会遭到拒绝。

精神领袖也同样如此，因为精神领袖往往都是极具人格魅力的人，如GE的杰克·韦尔奇。

成为精神领袖的第一点要求就是人格魅力，而构成人格魅力大致有以下几个要素：个人包装、修养、能力。个人包装使得团队的舵手成为公众之星，其对公众的影响往往会提高他在所领导团队中的话语权，这和以往的“先安内而后攘外”有所区别。

如今的商业氛围使得草莽英雄失去了生存空间，而具有良好素质修养的精神领袖却仿佛有散发不尽的迷人魅力，甚至会使人包容他的一些失误或过错。

个人能力是精神领袖较为重要的一个法宝，再烦琐的事经过精神领袖筹谋、思量后都会迎刃而解，这种缜密的思维所带来的行为力度和深度，使得精神领袖往往高高在上，于是，关于精神领袖总会有些趋于神话的小故事，并伴随着阐释“人定胜天”的道理。

精神领袖通过人格魅力往往会迅速集结兵力，建立起无坚不摧的创业团队。由此可见，精神领袖同样也是极富凝聚力的活动组织者。

这种活动可以消灭对手，组建新团队，甚至可以建立政权。当然，这里的精神领袖跟以色列的托马斯精神领袖是有区别的，后者是颠覆秩序的扰乱分子，前者则是开辟新天地的组织者。

然而，凝聚力作为号召组织的第一要素却是二者的共性。

“得人心者得天下”，在商业社会同样如此，一切商业行为的顺利实施都需要一支极富战斗力的团队，这个团队由于具备极强的凝聚力，加上成员对作为领头羊的精神领袖的行为方式高度认可和理解，往往不需要长时间的沟通便可以达成很好的共识，顺利执行其意图。因为成员们总是以精神领袖为荣，便会关心他的一切举措，从而使得成员更加了解他的行为特征背后所蕴藏的含义。

当然，我们也不能不强调精神领袖的凝聚力有时也是一种可怕的力量，它甚至会摧毁整个团队。

由于内部的高度团结，如果这个时候精神领袖提出的某些战略存在重大失误也往往会顺利通过。

所以我们提倡凝聚力，但不主张精神领袖的力量凌驾于一切之上，团队中需要有相应的监管机制。

精神领袖的另外一个重要特征是他有常人不及的执行力，在团队，尤其体现在其对创业艰难的理解上，这点是普通员工不可能具备的。

精神领袖往往有着超凡的毅力，纵使困难如泰山压顶他们也不会倒下，他们总是想尽办法来排解困难。

执行力在精神领袖看来绝对不是喊口号，而是建立在惊人的观察力基础上的行动，从容驾驭形势使得精神领袖的执行力常常具有神话色彩，殊不知其间包含了多少睿智和经验总结。

沉静领导：第五级领导的魅力

头狼和人一样，也有各种不同的风格，有些头狼是外向的，有些头狼是内向的；有些头狼是急躁的，有些头狼是沉静的。

沉静的头狼是个闷罐子，它一声不吭，但是它在沉静中积蓄力量，这样的头狼才是最恐怖的。

它那双锐利的眼睛紧紧盯着周围的每个变化，它的脑袋在飞速运转，它用它所有的力量寻找每一个稍纵即逝的机会并随时准备反击。

沉静的头狼往往能将每一个机会都抓得特别准，并能充分利用这个来之不易的机会进行反攻，这种反攻是突发性的，常常使敌人防不胜防。

从一定意义上说，沉静的头狼凸显着第五级领导的魅力。

“第五级领导”一词最早由J. Collins提出。在其出版的*Good to Great: Why Some Companies Make the Leap and Others Don't*一书中他将领导分成了五类，他的这一说法，也就是我们现在经常提到的“领导金字塔”理论。

这五种领导者从顶端到底部依次为以下几个方面。

第五级：第五级领导人——具备谦虚的个性和对专业的坚持力，能够建立起持久的卓越绩效。

第四级：有效能的领导者——激发下属热情，追求清晰而动人的愿景（团队的前景，目标的希望，美好的图景）和更高的绩效标准。

第三级：胜任愉快的经理人——能组织人力和物力资源，有效率和有效能地追求预先设定的目标。

第二级：有所贡献的团队成员——能贡献个人能力，努力达成团队目标，并且在团体中与他人合作。

第一级：有高度才干的个人——能运用个人才华、知识、技能和良好的工作习惯，做出有建设性的贡献。

按他的观点，“第五级领导”是一种结合了谦逊为怀的个性和专业上具有坚持到底意志力的领导，而且，每个“从优秀到卓越”的团队的成功都是因为曾经出现过这类领导人。

讲到沉静领导，就必须谈到史密斯现象，柯林斯沉静领导概念的提出正是源于史密斯，因此国内外很多管理培训机构都将史密斯现象作为培训的经典案例。

1971年，外表毫不起眼的史密斯（Darwin E.Smith）接下了金百利克拉克公司执行长的位子。

金百利克拉克是一家传统纸业公司，其过去20年来的股票表现落后股市整体表现的36%。

史密斯本来是金百利克拉克的内部律师，他刚中选时，很多人怀疑董事们看走了眼，当时，还有一位董事特别提醒，执行长必须具备许多条件，他并非完全够格。

但无论如何，史密斯还是当上了执行长，而且，谁也没想到，这一当就是20年。

可以说，金百利克拉克公司这20年是非比寻常的20年。

在此期间，史密斯领导公司脱胎换骨，将金百利克拉克发展成为全球数一数二、以纸业为基础的消费品公司。在他的领导下，金百利克拉克股票表现是大盘的4.1倍，不但领先竞争对手史谷脱纸业和宝碱，甚至也胜过可口可乐、惠普、3M和奇异等声誉卓著的大公司。

后来，柯林斯和一群引领管理思潮的管理界人士开始注意到金百利克拉克公司不同寻常的发展历程，便将研究目光转向了史密斯。他们以严谨的研究方法与步骤，对史密斯进行了深入的研究，经过为期五年的长期观察，得到了令人十分惊讶的结论。以下就是他们给史密斯的评价。

☆拙于言辞，不善矫饰

史密斯是个完全没有架子的领导者，平日喜欢和水电工为伍，放假时则躲在威斯康星的农场，开着轰隆作响的机器，在田里挖土或移开石头……他从来不以英雄或名人自居。

☆坚韧不拔的毅力

史密斯一方面拙于言辞，不善矫饰；另一方面却有坚韧不拔的毅力。

他在美国印第安纳州的农场长大，白天打工，晚上读夜校，辛苦拿到了印第安纳大学的学位。

有一天，他在工作时不小心切断了手指，晚上却照常去上课，第二天也照常上班。这听起来似乎有一点夸张，但是史密斯显然下定决心，不希望断指拖慢自己的求学过程。于是，他白天继续做全职工作，晚上孜孜不倦地求学，大学毕业后，还申请到哈佛法学院继续进修。

当上执行长两个月后，医生诊断他患了鼻咽癌，预计剩下不到一年的寿命，他向董事会坦白了自己的健康状况，但是也表明态度——他还没有死，而且也不打算这么快就向死神低头。

于是，史密斯仍然坚持把每天的工作排得满满的，同时每个星期从威斯康星飞到休斯敦做放射性治疗。

后来，他又活了25年，而且大半时间在担任金百利克拉克团队执行长的职务。

☆异于常人的决定

史密斯在整顿金百利克拉克公司时，做了个公司史上最戏剧化的决定——卖掉纸厂。

史密斯当上执行长不久，在经营公司的过程中发现，金百利克拉克的传统核心事业——光面纸的经济状况不佳，竞争力又不强，注定会表现平庸。

如果金百利克拉克贸然投入消费性纸制品的战场上，则会立刻面临宝碱等世界级大公司的激烈竞争，因此，金百利克拉克如果不能蜕变为一家卓越的公司，就唯有灭亡一途。

于是，史密斯就像一位破釜沉舟的将军，抱定不成功便成仁的决心，宣布卖掉纸厂。

一位董事形容，他从来没有见过这么勇敢的决定……史密斯卖掉位于威斯康星州金百利的纸厂，然后把卖厂收入全数下注于消费性产业，投资于好奇（Huggies）和可丽舒（Kleenex）等品牌。

财经媒体都说这个动作很愚蠢，华尔街的分析师也降低了金百利克拉克的股票评级，但史密斯并不因此而却步。

25年后，金百利克拉克公司买下了史谷脱纸业，并且在8种产品类别中的6种产品市场上打败了宝碱。

史密斯正是"第五级领导"的典范——结合了谦逊为怀的个性和专业上坚持到底的意志力。我们可以发现，每个"从优秀到卓越"的团队在转变期都出现过这类领导人，他们和史密斯一样，不爱出风头，但都有强烈的决心，会尽一切努力创造卓越的团队。

有时候，这些领导者就像是一个模子里刻出来的。无论他们所领导的团队是专门进攻消费市场还是制造工业产品市场，正面临重大危机还是在稳定中求发展，销售的是商品还是服务，甚至团队什么时候开始转型或规模有多大……这些，其实都不重要，其对领导者最终取得成功的影响并没有什么差别。

事实上，坦诚的态度、坚强的毅力和异于常人的决断能力都是"第五级领导"素质的核心部分，而其精深的专业造诣更是与之相辅相成，这也正是团队需要"第五级领导"的原因所在，因为它代表着与现代团队相匹配的经营理念。

眼光升级：战略性、全局性、前瞻性

当普通头狼蜕变成卓越的头狼，完成角色升级时，也一定要完成战略性、全局性、前瞻性眼光的升级。

角色互换：管理者与领导者

很多狼都只是普通的管理层狼，要想从一名普通的头狼蜕变为卓越的头狼，必须完成角色升级。

在进行分析之前我们先看一个案例：

张东升是平山矿业公司露天矿机修车间的一位维修钳工，正式技工学校毕业，今年38岁，年富力强。他干劲大，手艺强，肯负责，人缘好，还带了3名学徒工，同事和上级都挺喜欢他，车间主任李明更视他为骨干，常让他代表自己去矿上或公司开干部会，大家都说李主任的接班人非他莫属。

后来，李主任心脏病犯了，住进了职工医院。李主任德高望重，深受大家敬爱，就是身体不行，这回住院，人人都盼望他早日康复，不料傍晚传来噩耗，李主任病重，经抢救无效，已病逝在医院中。

李主任病逝后，分管人事的周副矿长安排张东升暂时代理车间主任之职，行使权力，还特别关注正在抢修的一台装载机，说是矿上急用的装载机，要求尽快修好。张东升答应周四中午前一定修好交付使用。

星期三上午，周副矿长正式通知张东升，公司已任命他为车间主任，并表示了祝贺和期望。会议结束后，张东升就匆匆赶回车间，突击抢修那台装载机去了。

周四早上，张东升特别早到单位，发现昨晚矿上又有 4 辆自卸载重卡车送来待修，而那台装载机还未修好。

张东升把全车间职工召集在一起，说明了面临的修车任务如何重要、迫切和艰巨，号召大家化悲痛为力量，群策群力，尽快完成任务，而工人们也纷纷表态要如期修好这批车辆。

张东升略松了一口气，准备去备品库检查库存是否足以应付这批抢修任务。这时，露天采掘队来电话，说他们的一台主力设备，32 吨自卸卡车抛锚在现场，要求派人去抢修。

张东升知道人手不够，责任又非常重大，就自己背起工具箱，下露天现场去抢修了，待他修好那台自卸卡车，回到车间，已经快中午了。

此时车间里乱糟糟一片，4 辆待修自卸车中有 3 辆在停工待料。张东升忙问具体情况，工人们说已故李主任以前定下的规矩，备件要主任签过字才能领取。

这时，矿上又有2台故障车送来待修，张东升刚办完接车手续，周副矿长又来电话要装载机了。而刚向周副矿长解释清楚，放下电话，公司常务副经理又打来电话，让他马上去总部出席紧急干部会议。

本来张东升知道自己被正式提升为车间主任，还挺高兴，也颇有信心当好这个主任，如今他的想法好像有些变了，他怀疑这提升对自己到底是不是一件好事，对能否胜任主任一职，也变得不太有把握了。

通过案例我们可以知道，张东升由普通职员升任主任职务之后，角色变了，却没有很好地行使自身管理者和领导者的职能。

当他面临需要抢修1台装载机、4辆自卸载重卡车和32吨自卸卡车的危急情况时，没有将工作分配给下属员工，而是事事亲自接手，导致了4辆待修自卸车中有3辆在停工待料。

在绝大多数团队领导者的职业生涯中，都会经历类似张东升的管理者与领导者的角色混淆的情况。

因此，如何定位好角色就显得相当重要，比如在执行团队的决策与战略时，扮演的是管理者，但在推进组织变革、激励团队成员实现团队宏伟目标时，就需要实现从管理者向领导者的转变，扮演领导者的角色。

据调查发现，很多团队领导者混淆了这两种不同的角色。当需要以管理者身份出现时，却以领导者的身份出现；当需要以领导者的身份出现时，却以管理者的身份出现。

这种角色的混淆主要是由于对管理和领导职能及相应职责要求区分不清楚导致的。

管理是指在特定环境下，对组织的资源进行有效的计划、组织、领导和控制，以便达成既定组织目标的过程。

管理为实现组织目标服务，是有意识、有目的进行的过程，由一系列相互关联、连续进行的活动（计划、组织、领导、控制）构成。

领导是领导者通过非强制性、激励性的方式，鼓励一部分人（或一个集体）来实现一个或若干个既定目标的过程。

领导者的主要责任是确立组织的远景目标，并为实现远景目标而制定变革战略；为推行变革战略而对团队成员进行鼓舞和激励，唤起团队成员追求远大理想的雄心壮志，从而消除变革过程中人的障碍，并对远景目标形成共识，联合所有团队成员共同投身于战略目标的实现。

我们通过以下几个方面来说明管理者和领导者的差异。

第一，对待团队目标意识不同。管理者很少投入感情，他们设立目标是为了完成管理任务；领导者却主动设立目标，并以极大的热情去推动目标实现。

第二，对于战略的制定和执行不同。管理者是战略的执行者，不需要英雄主义，只要具备出色的协调能力、极强的执行能力、坚持不懈的事业追求、聪明睿智的头脑、克制和理性的处事态度即可；领导者是战略的制定者，需要具备出色的激励能力、宏观的思考能力、独特的个人魅力，善于从全局把握问题。

第三，对方案的选择方式不同。管理者在选择方案时，像外交家和斡旋人一样，利用谈判、讲价以及赏罚等手段，让观点相左的各方相互妥协，接受解决问题的方案。这种做法也有一定的弊端，因为它可能限制了人们的选择范围。领导者对长期存在的问题，首先会创造性地给人们描绘出振奋人心的远景，然后才制订解决方案，这样的方案更容易获得认可。

第四，面对机遇时的表现不同。领导者的个性特征决定了他们会主动冒险；管理者则较为保守，可能会丧失许多机遇。

第五，与他人沟通或合作的关系不同。管理者一方面寻求合作，另一方面又不愿过多投入感情；领导者却能唤起人们强烈的情感。这是因为管理者关心的是如何做事，而领导者关注的是事件和决策对于参与者有何意义。管理者的这种关注体现在与下属的沟通上，强调下属的职责参与，具有一定的强制性；而领导者却强调下属的兴趣参与和主动参与，更多地体现了民主性。

第六，事业追求不同。管理者较多地追求团队一些具体目标，如团队利润上升、团队市场份额扩大等具体的目标，而对于相关参与者的关注不多；领导者则追求更多的长远目标和长期效益，他们不仅追求团队的目标实现，还较多地关注周围团队成员生活的改变以及整个团队在社会中的地位和名望的改变。

从以上区别可知，作为一个团队领导者，在复杂多变的管理活动中，不可能将管理者和领导者的身份完全分开看待，许多时候，需要做“双面人”，在执行战略时，是一个强有力的管理者；在推行战略和变革时，则要充分发挥自己的领袖魅力，让更多的人认可这项战略和变革。

05

用人要狠，团队才稳

每个团队领导者都希望把自己的团队打造成狼团队，让每个团队成员都有狼性，但不知道该如何入手。

要想让员工成为狼，团队成为狼团队，一定要树立一个原则，那便是：理念先于制度，制度先于技术。

要让团队成员对团队有一种认同感，事实上是要求大家都树立一个团队的核心价值观，让团队成员拥有共同的使命感和责任心。

虽然在团队刚建立的时候，人是最重要的，团队的成长需要有人来一步步搭建，但在团队理念形成后，人又成为次要的了，个人对于企业来说不会产生致命影响，这才是一个“完美的团队”。

理念是先导，但是因为理念是精神层面的东西，所以从客观角度讲，我们还需要具体、看得见、易于感受和衡量的因素来做具体的指导，这就是制度。团队建设在某种程度上其实就是一种制度建设，制度高于团队，更高于团队中的任何一个成员。

如何让员工富有战斗精神

要想将团队变成狼团队，就必须先了解狼的特性。狼的特性主要有以下两点。

一是富有战斗精神，这样才能在竞争中积累力量，发愤图强。

二是学会群体奋战，这样才能消灭比自己更强大的动物或对手。

作为团队领导者，我们要给团队成员灌输这样一种理念：我们就是狼，我们要做狼群一样的团队。同时，我们还要根据狼的性格特点有针对性地对员工进行训练。

富有战斗精神

我们先来看一段关于狼的描写：

拜德蓝德贝利已经没有可以逃跑的路了，它被十五条猎狗纠缠着，这些狗还有人做强大的后盾。它已经不是在走，而是蹒跚着向前爬。猎狗排成一队追在它后面，现在也比刚才的情形好了些。

猎狗们正在逐渐接近它。

在这个最狭窄的地方，一步失误就意味着死亡。

狼转了过来，正对着它们。它的前腿奋力支撑了起来，那闪着寒光的獠牙完全暴露着。

我们没有听到它发出一点儿声音，它勇敢地面对着这群猎狗。

它的腿因为辛苦而很虚弱，但是它的脖子、它的嘴巴以及它的内心都是强壮的，并且——现在，所有的你们这些爱狗的人最好合上这本书——继续战斗——上上下下——15：1。猎狗们上来了，第一个是最敏捷的灰猎狗，它是怎么做的呢？猎狗们几乎都没有看见。

但是，当一股血流撞向岩石的时候，那只巨大的狼转过身来面对着猎狗们，那一群猎狗也涌上了那条路。

在必然的打斗战役中，黑鬃毛（狼）在猎狗们来到的时候接待了它们。一个无力的弹跳，一个反向的进攻，一个猛咬，“凡高倒下了”（凡高是一条狗的名字），凡高的脚没有了，猎狗丹德和科利又逼近了，试图扭住它。

一个闪冲，一个抬臂，猎狗们就跌倒在那条狭窄的小路上了。

然后是蓝点猎狗，紧接着是强壮的奥斯卡和英勇的泰戈——但那只狼在岩石的那边，一眨眼的工夫，它们之间的战斗就结束了，只剩下那只狼在那儿，那些大猎狗都不见了。

剩下的几只狗也围了上来，最后面的狗逼迫着最前面的狗——倒下来——去死。撕、咬、抬臂，从最敏捷的猎狗到个头最大的猎狗，直到最后一条，倒下来——倒下来——它让猎狗们相继着倒下，从悬在空中的凸出部分到下面的峡谷。

那儿的岩石和树干太锋利了，随时都会拿走猎狗们的生命。

短短的五十秒钟后，一切都结束了。

这是一段让人心情激动的文字。

我们能从中感到一股惊人的胆量和一股战斗的力量。

狼生来就具有战斗的天性，战斗是狼一生背负的使命，也是狼得以生存的保障。

在狼群内部，要通过战斗决定自身在狼群中的地位；在自然界，狼群要通过战斗获得保障生命存活的食物，而且它们还要和最为可怕的人类交锋。

如果没有战斗的天性，狼群不可能在这个地球上生存下去。

弱肉强食的规律在企业竞争中同样适用。

一个没有战斗精神的团队，是不可能在竞争中存活的。

所以，要想成为一个优秀的团队成员，就必须具有狼的战斗性格。

现代商场就如同战场，一个团队的目标首先是生存、发展、壮大，其次才是报效社会。

对于团队来说，市场就是战场。在战场上，面对敌人，不能有任何谦让，否则敌人一击就可能要了我们的命。

所谓战斗性格，就是要把打败竞争对手作为自己生存的前提。

作为团队领导者，必须让团队成员明白这个道理：绵羊不可能在市场上生存，能在市场上生存的都是具有战斗性格的狼群。要想在竞争中活下去，只有把自己变成狼，除此之外，没有第二条路可走。

群体奋战，同心协力

干草点燃了，把一群黑蚂蚁围在当中，火势很猛，逐渐蔓延。

蚂蚁开始有些混乱，但逐渐变得有序，并迅速地拧成一团，像雪球一样向外滚动突围。外围的蚂蚁被烧得噼啪响，有的被烧死了，有的被烧伤了，但蚂蚁球仍然勇猛地向外滚动，终于突出了火围。

这可以说是群体奋战最直观的解释了。

同样，狼群最值得称道的也是战斗中的群体奋战，狼群个体甚至不惜为了胜利牺牲自己。比如，和狮子搏斗时，狼群中会选出一位勇士正面与狮子交锋，吸引狮子的注意力，别的狼则从旁偷袭，而正面与狮子搏斗的那只狼往往会阵亡。但没有狼会退缩，因为它们知道，不这么做它们不可能战胜狮子。

很多动物都不愿意与狼为敌，商战中的这种对手也是最令人畏惧、最具杀伤力的。

☆联想打造群体奋战之团队

人力资源专家章义伍先生写过一篇文章：《把信带给杨元庆——谈联想与麦当劳的文化差距》，文章分析得很有道理。

章先生说："联想与麦当劳在人力资源上的差别主要体现在领导团

队建设、干部选拔、培训机制、人员激励四个方面。”“联想很强调企业家和能人的贡献，而麦当劳强调的是团队的群体奋战。”“联想‘班子’的优秀主要体现在以杨元庆为首的高层，在中层，也就是事业部和部门经理这个层面，相较之下却没有麦当劳那么理想。”

章先生的信中讲到，联想更多的是靠高层的聪明才智带领企业向前发展，而麦当劳却更加强调强有力的管理团队和普通员工的通力协作，强调高层、中层和基层的共同努力，也就是整个团队的群体奋战。

虽然高层的聪明曾经带领联想不断地成长壮大，联想集团的规模已经得到了很大提高，但是光是几个英雄人物已经无法带领联想继续在竞争激烈的市场中独占鳌头。

联想高层也意识到了这个问题，他们知道，单单依靠管理层的聪明才智是不够的，只有汇集联想所有员工的聪明才智，联想才能在竞争日益激烈的市场中站稳脚跟，才能实现其走向世界的梦想。

在当今这个优胜劣汰的社会，要想使自己的产品在市场中具有竞争优势，富有强大的生命力，企业高层领导的聪明才智与企业内部员工的通力合作是非常重要的，正是这种协作在企业内部形成了一股凝聚力，使团队发挥出强大的战斗力。

这种协作其实就是一种群体奋战，群体奋战使得我们的团队更加具有威胁性，对对手的打击强度会更大。在群体奋战中，每个团队成员独当一面，共同面对挑战，企业的生存能力就会得到大大增强。

联想集团“打造虎狼之师”的口号就是想重现联想创业时团队群体奋战的战斗力，以求在竞争中取得更大的市场份额。

一个团队活着是要有群体奋战力量的，一家企业的生存和发展也是需要这种群体奋战力量的。无数的个人力量，凝聚成一种团队群体奋战的力量，这样的企业才能兴旺发达，基业长青。

这就是联想的群体奋战力量带给我们的启示，作为电子电器产品中的佼佼者，联想集团的这种精神值得我们学习。

制度化造就卓越团队

狼群是一个高度制度化的团队。

比如，选举头狼的方式，是很公正、很合理的。它们会把每只狼平时捕杀猎物和面对敌人时的表现当作选拔的依据，只要具备领导群狼的才能，就有资格成为头狼的候选者。

在选拔过程中，群狼运用了“选贤任能，唯才是举”的选拔原则。

头狼的权力最大，甚至享有狼群中唯一的生育权；头狼为狼群做得最多，在群狼行进时担任开路先锋，是最耗费体力的一个；头狼为了维护自己的权威，还会惩戒部下，惩戒包括咆哮、嚎叫、追逐和撕咬。

头狼还拥有制定狼群制度的权力，但是必须征得众狼的同意，这样可以使得制度具有广泛的狼群基础。

这种等级分明的制度化似乎可以看作一种狼群文化，这也是狼群具有高度团队精神的一个前提。

我们用狼群的制度化来说明在今天优秀团队建设中制度起到的功不

可没的作用。优秀团队往往有一个健全的制度做保障，制度犹如火车的轨道，是用来规范员工行为的准则。所谓制度化，就是群体和组织的社会生活从特殊、不固定的方式，向被普遍认可的固定化模式转化的过程。

制度化是团队发展、成熟的过程，也是整个团队规范化、有序化的变迁过程。

规范化和制度化相加，才可能造就一支优秀的团队；团队员工行为的规范化和有序化，才能使员工的行为朝着团队期望的方向发展。

健全绩效考核机制：破解卓越团队密码

绩效管理是人力资源管理的核心。绩效管理的核心是公平和效率，团队管理者通过绩效管理实现公平与效率的关键是建立科学合理的绩效评估制度，操作科学合理的绩效评估细则，使团队成员获得公平的感觉，同时，使团队管理效率达到最高水平。

绩效管理是提升团队核心能力的重要手段，其根本目的是建立团队长期的竞争优势，也是培养团队核心能力的重要工具。

因此，绩效管理首先应从公司的战略出发，将企业核心能力的培养与提高作为绩效管理的重要内容，在此基础上确定公司绩效总体目标，并将其逐一分解为各个部门的分目标，传达给每个员工。

目前，中国的许多企业没有建立完整合理的绩效考核制度，其原因是多种多样的。

中国传统文化一般比较含蓄，人们通常不愿意在他人面前直截了当地谈论对人或物的各种看法，特别是对其他员工工作中各种业绩的看法。

因此，一些企业常常面临尴尬的局面。在绩效评价时，有的员工在书面上提出了自己的意见，然而在进行面对面的探讨时却都洁身自好，结果是越考核矛盾越多，员工内部出现感情危机，导致效率低下。

所以一些开展绩效评价的企业后来也就不继续开展了，绩效的高低没有任何制度支撑。

有的企业尽管也开展绩效管理，但是在开展的过程中遇到了许多问题，影响绩效评估的公正性、客观性和合理性。

这些问题在我们现实的生活中比比皆是。

天宏公司总部会议室，赵总经理正认真听取关于上年度公司绩效考核执行情况的汇报，其中有两项决策让他很为难。

一是经过年度考核成绩排序，成绩排在最后的几名却是在公司干活最多的人。这些人是否按照原先的考核方案降职和降薪？下一阶段考核方案如何调整才能更加有效？

二是人力资源部提出一套人力资源管理软件来提高统计工作效率的建议，但一套软件是不是能真正达到支持绩效提高的效果？

天宏公司成立仅四年，为了更好地进行各级人员的评价和激励，在引入市场化用人机制的同时，建立了一套绩效管理制度。

对于该套方案，人力资源部经理认为，这是一套细化传统的德、能、勤、绩几项指标，同时突出工作业绩的考核办法。

其设计的重点是将德、能、勤、绩几个方面内容细化延展成10项指标，并把每个指标都量化出5个等级，同时定性描述等级定义，考核时只需将被考核人实际行为与描述相对应，就可按照对应成绩累计相加得出考核成绩。

在考核过程中，考核人员发现了一个奇怪的现象，原先工作比较出色和积极的职工的考核成绩常常排在多数人后面，而一些工作业绩并不出色的人却排在前面。另外，一些管理干部对考核结果大排队的方法不理解和有抵触心理。

此外，在本次考核中，统计成绩工具比较原始，考核成绩统计工作量太大。人力资源部就三个人，却要统计总部200多人的考核成绩，平均每个人有14份表格，统计、计算、平均、排序发布，最后还要和这些人分别谈话，在整个考核的一个半月中，人力资源部几乎都在做这个事情，其他事情都耽搁了。

赵总经理决定请车辆设备部、财务部和工程部的负责人到办公室深入了解一些实际情况。

当总经理简要说明原因之后，车辆设备部李经理首先快人快语回答道："我认为本次考核方案需要尽快调整，因为它不能真实反映我们的实际工作。例如，我们车辆设备部主要负责公司电力机车设备的维护管理工作，总共只有20个人，却管理着公司近60台电力机车，为了确保它们安全无故障地行驶在600公里的铁路线上，我们的主要工作就是按计划到基层各个点上检查和抽查设备维护的情况。我们不能有一次违规和失误，因为任何一次失误都是致命的，也会造成重大损失，但是在考核业绩中又允许出现‘工作业绩差的情况’，因而我们的考核就是合格和不合格的分别，不存在分数等级多少。”

财务部王经理紧接着说道：“对于我们财务部门，工作基本上是按照规范和标准来完成的，平常填报表和记账等都要求万无一失，这些如何体现出创新的最好一级标准？如果我们没有这项内容，评估我们是按照最高成绩打分还是按照最低成绩打分？还有一个问题，在本次考核中我们沿用了传统民主评议的方式，我对部门内部人员评估没有意见，但是让其他人员打分是否恰当？因为我们财务工作经常得罪人，让被得罪的人评估我们财务，这样公正吗？”

听完大家的各种反馈，赵总想：“难道公司的绩效管理体系本身设计得就有问题？问题到底在哪里？考核内容指标体系如何设计才能适应不同性质岗位的要求？公司是否同意人力资源部门提出购买软件方案？能否有一个最有效的方法解决目前的问题？”总经理陷入了深深的思考中。

我们可以看出，天宏公司绩效评估体系的最大问题在于指标设置过于简单，没有考虑到岗位要求的特殊性，从而造成指标考核相对不公平。

所有这些问题其实归根结底都是由于每个岗位的绩效定义不够清晰，使得工作业绩不能从平时的记录中总结出来。另外，中国的企业文化向来就以人际关系为主，而不是以业绩为主，不够清晰的业绩标准当然会被人际纽带所歪曲。

案例中体现出了公司绩效考核的四大问题。

首先，绩效管理目标不明确。

我们知道，公司的目标是提高公司业绩，绩效管理目标要与公司目标保持高度一致，天宏公司人力资源部的目标定位过于笼统、空泛，不能切中要害。

其次，人力资源部的工作重点不当。

人力资源部的工作重点应放在调查、研究、分析公司各部门的实际情况，制订行之有效的考核方案，并收集反馈信息，对考核方案进行适当调整上。

然而，在本案例中，人力资源部几乎所有的精力都放在考核成绩、统计、填表、计算、平均、排序发布上，没有进行工作分析。

再次，考评人员有很大局限性。

民主评议不合适。民主评议中主观成分很大，其中必然有太多的成见、偏见、不实之见。

考评人员未经培训。在民主评议中，对考评人员进行培训是不可能的，而人力资源部对公司领导培训也做得不好。

最后，考评内容不合理。

考评内容超出了绩效的外延。天宏公司的绩效考评中，有些考评项目设计空泛，与绩效没有实际联系，非但不能起到正面作用，还减少了绩效部分的权重，使得考核结果梯度不明朗。

考评内容过于统一。对于一个公司来说，不同部门、不同岗位的要求、工作性质、工作方式有很大差别，所以对各部门的考评应有不同侧重，针对各部门工作岗位的特点，确定相应的考评方法，选择适当的考评项目，然而，天宏公司却采用统一标准、统一尺度、统一考评项目，对全公司人员进行考核，致使公司中工作出色的员工在绩效考核中排在后面。

评价标准描述不准确。对于同一个考评项目，不同部门、不同岗位要设立不同的评价标准，然而，天宏公司执行统一的评价标准，描述也是泛泛而谈，根本无法做到针对不同部门的特点做准确细致的描述。

以上绩效考核的问题，其实也是目前我国大多数企业在进行绩效管理过程中遇到的最大问题，进入市场经济后，我国很多企业面临着制度和文化的改革，因此，只要是稍微正规一些的企业，都把绩效考核引入企业中来。可是，从各企业的反馈来看，大部分企业的结果与期望值或多或少存在一些差距，天宏公司也是其中一例。

既然绩效考核有这么多的问题，我们又该如何进行改正提高，从而健全公司的绩效考核机制呢？

☆健全绩效考核机制应该避免的问题

其一，只是员工的直接领导对员工进行评价。实际上，我们在工作中都会感觉到经理人员跟直接下属的接触并不是很多，接触也是在一些会议等正式场合，对员工工作情况掌握的信息就比较有限。有时经理并不知道团队对员工工作的要求，使得经理的评价标准往往很主观。员工如果对考核结果不满意，就会形成负面情绪，甚至是对主管人员感到不满。

其二，工作绩效考核的标准不统一，有的评价者非常严厉，而有的会特别宽松。一些部门人才济济，竞争激烈，员工获得一个高等级的评价很不容易；而有些部门员工普遍水平不高，同样会有人得到很高的评价等级，这就很不公平。

其三，评价者个人的价值观和偏见影响工作评价标准的执行情况，或者主管人员为了保持部门内部的一团和气，结果使得工作出色的员工成绩在评价中受到压制，而工作平庸的员工却受到偏袒。在一些调查中发现，一些主管人员为了减少部门或团队的矛盾，在员工业绩考核过程中采取“轮流坐庄”的方法，让各个员工轮流获得最高等级的评价。长此以往，每名员工业绩考核结果都差不多，实际上对那些优秀员工的工作积极性是一种挫伤。

其四，在工作绩效考核过程中，领导处于高人一等的评判员位置上，结果降低了员工对业绩考核系统的认同程度，也妨碍了主管人员与下属关系的发展。为了克服这类现象造成的不利影响，一个比较好的方法是把帮助员工发展的面谈和关于员工工资和工作安排的面谈分开进行。在谈话过程中，考评者要本着谦逊的态度同员工展开平心静气的交流，了解员工的真正需求和员工对自己的客观评价，并对员工的优点和缺点进行表扬和纠正。

经理人员不重视对工作绩效评价信息的利用，很少向员工提供绩效评价信息的反馈，不利于员工工作业绩水平的提高，这在很大程度上浪费了企业开展员工绩效考核的资源。即使绩效评价过程中获得了有价值的信息也不能及时地反馈给员工，促进员工工作的改进，这样的绩效考核对于企业来说只是一种资源浪费。

因此，我们在进行绩效评价工作的过程中，既要注重考核的过程，更要关注绩效考核结果的运用。

恰到好处的激励机制创新：抓住团队成员的心

团队管理者应随时对其部属人员进行激励，正如李嘉诚说的那样："如果我们一直都激励部属做正事、做好事，他也就没时间去做坏事了。"

在激励的过程中，团队管理者一定要掌握多种有效激励团队成员的方法，保证激励的有效性，使得部属成员随时都拥有自信，发挥内在潜能，不断提高自己的竞争力，从而获得工作、学习和生活上的成功。

一个人来到我们的团队一定是来寻找成功的，但如果到了我们的团队反而不想成功了，那是谁的责任？

一定是我们管理者的责任。

一个团队的成功管理者应该能够让其部属不用扬鞭自奋蹄，即使是一只沉默的羔羊也会爆发出火山般的激情。

激励是调动部属积极性、创造性的一种最好的方法，它的作用和产生的效果是巨大的。但是需要强调的是，在激励操作过程中管理者要把握好一些原则。

☆有益性激励

激励的有益性主要表现在激励后，因为评定管理者的激励行为是否正确，只有在激励后才能看到效果。管理者在进行一项激励行为时，一定要遵从科学合理的激励原则，使得激励真正有益。

团队管理者在施行激励前，还应该对各方面的因素进行分析，针对不同环境确定不同的激励方式，并且随时考察激励的效果，必要时进行激励机制的创新。

提到激励创新，我们先来看一个例子。

微软在2003年结束了长期以来施行的员工持有股票期权的做法，取而代之的是有比例地发放内部职工股，只要员工为公司效力满5年，这些股票就归其所有，可上市流通；600多名微软高层管理人员的股票期权则改为了“股票津贴”。

不过，这样的新规矩对比尔·盖茨和微软的CEO鲍尔默并不适用。

微软是识时务的。

想当年，整个IT业“火”的时候，微软的员工激励举措曾经是众人眼中成功的范例。

微软自1982年上市后，股票期权几乎使公司的员工个个摇身一变成了百万富翁，这样的财富神话极大地刺激了众多高科技公司，引发了IT精英们对股票期权的渴求。可好景不长，短短的十几年后，IT业形势急转而下，IT精英们攥在手里的股票期权不但没有增值，反而大打折扣。

2000年微软员工所持有的股票期权市值还是163亿美元，但是到2002年，纳斯达克IT板块股价崩盘的日子里，就变成了50亿美元，其市值蒸发了70%，这样下去，是无法让人提起精神的。

显然，微软推出这样的薪酬制度是形势的需要。

微软惯于做这类“惊天地，泣鬼神”的大动作。

虽然说这一回只是公司内部薪酬制度的改革，但随后会是一场全行业的激励变法运动。

虽然表面上微软在硅谷的竞争对手们对此表现得毫不在乎，但微软的领先行动，终归会对他们产生不小的压力。

大家曾奉为至宝的股票期权就这样被微软丢弃了，取而代之的是一种更有效、更吸引人的薪酬制度。

微软这样做之后，其他公司怎么办？是继续想方设法让员工坚信股票期权是唯一的补偿方式，还是跟进微软，终结股票期权时代呢？他们必须选择。实际上，股票期权问题是目前困扰科技类公司的一个普遍难题。

差不多在同一时间，传来这样的消息，国资委要与所有中央企业签订业绩考核合同，从薪酬和升迁等各方面激励企业高级管理层。

据说，国资委正在分行业、分类别制定考核标准，量化指标不求多，但求准，这是所有国企老总关心的话题。

股票期权被再一次提到议事日程。

国企老总们认为，年薪制、持有企业股票和股票期权等薪酬制度的建立是必要的。

“任何一个行业，任何一个企业都有一个相对稳定的工资制度、分配制度，不必把期权搞得太大，能够占到收入的10%左右就可以了。”有人还建议创业阶段的国企主要实行年薪制和股权制，成熟国企主要实行期权制。

如此看来，亟待激励机制的企业不论中外，有效地激励员工及管理层，是所有企业发展的重要前提。

或许我们不必照搬微软，只要是有效的，尽可以大胆创新，这是微软给我们的启示。

曾一度超过微软掌舵人盖茨，成为世界首富的甲骨文公司领导人埃里森始终以赶超盖茨为目标，他这样鞭策自己："生命像一条鲨鱼，你必须继续向前，一天比一天做得更好，否则你就会死亡。"这位当代资讯科技业的大腕尚且如此勤勉，更何况我们呢？

因此，当形势必要时，我们为了进行有效的激励也应当随时准备激励的创新，激励的创新不是一个空谈的口号，而是一个实实在在的行动。

激励的创新并不是一味将过去的激励形式或激励行为进行改变，真正做到激励的创新应该注意以下几个问题。

◇保持公平公正

这是一个比较关键的问题，处理好了，不仅可以激励个人，还可以带动整个部门的士气；否则就会出现团队成员互相攀比、攻击的情形，产生很多不良影响。

相马加赛马，业绩加德绩。领导者应时常向员工灌输这样的意识——公司就是一个公平的赛马场，大家都是千里马，到底谁的实力强，我们场上见高低。

◇力争实事求是

管理者在激励操作过程中，要根据客观实际情况，施以相应刺激和鼓励，不要因为想树立典型和团队"明星"而盲目夸大实际情况，因为部属们的眼睛是雪亮的。只有处理得客观得当，才能够有效调动部属的积极性，达到鼓舞士气的效果。

◇完善你的角色

在团队中，管理者所发挥的作用将直接影响到团队整体活动的成败，作为团队核心，管理者必须非常重视自身角色的完善，因为一个优秀的管理者还扮演着榜样、培训师、协调人等角色。你必须拥有比较深厚的理论知识，具有敏锐的市场嗅觉和团队凝聚力，能够及时掌控各方面的市场信息，分析、提取有价值的信息并制定相应的营销措施。

有天晚上，索尼董事长盛田昭夫按照惯例走进职工餐厅与职工一起就餐、聊天。他多年来一直保持着这个习惯，以培养员工的合作意识并和员工保持良好的关系。

这天，盛田昭夫发现一位年轻职工在闷头吃饭，谁也不理，一副郁郁寡欢、满腹心事的样子。

于是，盛田昭夫就主动坐在这名员工身边，与他攀谈。几杯酒下肚之后，这个员工终于开口了：“我毕业于东京大学，本有一份待遇十分优厚的工作。进入索尼之前，对索尼公司崇拜得发狂。当时，我认为，进入索尼，是我一生的最佳选择。但是，现在才发现，我不是在为索尼工作，而是为课长干活。坦率地说，我的这位课长是个无能之辈，更可悲的是，我的所有行动与建议都得课长批准。我自己的一些小发明和改进工作的想法，课长不仅不支持，还挖苦我癞蛤蟆想吃天鹅肉，有野心。我十分泄气，心灰意冷。这就是索尼？这就是我工作的地方？我居然要放弃那份优厚的工作来到这种地方。”

这番话令盛田昭夫十分震惊，他想，类似的问题在公司内部员工中恐怕不少，管理者应该关心他们的苦恼，了解他们的处境，不能堵塞他们的上进之路。

这件事之后，盛田昭夫产生了改革人事管理制度的想法。

索尼公司开始每周出版一次内部小报，刊登公司各部门的“求人广告”，员工可以自由而秘密地前去应聘，他们的上司无权阻止。

另外，索尼原则上每隔两年就让员工调换一次工作，特别是对那些精力旺盛、干劲十足的人才，不是让他们被动地等待工作，而是主动给他们施展才能的机会。

在索尼公司实行内部招聘制度以后，有能力的人才大多能找到自己较中意的岗位，在新的岗位上充分发挥自己的才智，更有干劲，公司的工作环境也有了很大改善。

这种“内部跳槽”式的人才流动是要给人才创造一种可持续发展的机遇。

在一个单位或部门内部，如果一个普通职员对自己正在从事的工作并不满意，认为本单位或本部门的另一项工作更加适合自己，想要改变却并不容易。

许多人只有在干得非常出色，以至感动得上司认为有必要给他换个岗位时才能如愿，而这样的事普通人一辈子也难碰上几次。当职员对自己的愿望常常感到失望时，他们的工作积极性便会受到明显抑制，这对用人单位和职员本身都是一大损失。

索尼公司采取的内部跳槽制度有力地改变了这一点，有能力的职员大都能找到自己比较满意的岗位，而且人事部门还可以从中发现一些部下频频“外流”的上司们所存在的问题，以便及时采取对策进行补救。

公司内部各层次人员的积极性都被调动起来，当每个干部职工都朝着“把自己最想干的工作干好，把本部门最想用的人才用好”的目标努力时，企业人事管理的效益也就发挥到了极致。

麦肯锡的激励机制

麦肯锡的人力资源管理制度十分独特，比如每年招聘人员的名额一般保持在20～30名。全球各分公司每年可以收到几十或上百封个人简历，这是人选来源之一，而主要的来源是每年几所著名大学名列前茅的高才生和其他学校推荐的优秀学生。

麦肯锡的人员70%具有MBA学历，30%具有高级专业职位（法学博士、医学博士等）。麦肯锡除了注重应聘人员的工作经历和商业背景外，主要看中的是他们解决问题的能力。麦肯锡对初选人员的甄选要经过6轮面试，面试中通过提出商业案例来考察其实际分析和解决问题的能力和素质。

所以，一般局限于象牙塔中、没有实际经验的人获选机会不大。

一旦进入麦肯锡公司，人员的晋升与出局（被称为“UP OR OUT”）有严格的规定：

从一般分析员做起；

经过2年左右考核合格升为高级咨询员；

再经过2年左右考核合格升至资深项目经理，这是晋升董事的前身；

此后，通过业绩审核可升为董事。

所以，一个勤奋、有业绩的人在6～7年里可以做到麦肯锡董事，但是在他每一个晋升的阶段，如果业绩考核并未达到要求，就要被OUT，离开麦肯锡。

在晋升考核中不仅要看业绩，而且要看他对所在团队的引导，即他的潜力能否得到团队其他成员的信任。因此，在麦肯锡，所有员工可以获得同等的机会，但必须勤奋。

麦肯锡的人员流动每年达25%～50%，这个比例相对于其他企业来说是比较高的，但对于麦肯锡而言，则处于合理的范围内。

离开麦肯锡的人一般有两种情况：

一种是机会非常好主动离开的，比如许多麦肯锡董事离开后去一些大公司做经理，如美国运通、IBM，也有一些优秀人员离开后自己当了领导。

另一种是被请出局。

如果由资深的项目经理人来考核高级咨询人员，那么谁来监督麦肯锡董事的工作？还有，麦肯锡实行合伙人制度，如果已经成为合伙人，是否就不存在被OUT（淘汰出局）的危险？

作为全球咨询公司，麦肯锡有700多位董事，即合伙人，毫无疑问，他们是麦肯锡最优秀的员工，也是麦肯锡的管理者和领导者。

但这并不意味他们具有终生在麦肯锡工作的保障。每年，麦肯锡从数百名合伙人中轮流选出十几位合伙人组成评审小组，对各位合伙人的业绩进行考察，如果未达到要求，同样要被请出局，不过，对合伙人的唯一优惠是考察期限稍长一些。所以，麦肯锡人员享有高薪待遇，但没有谁可以停滞不前。

麦肯锡的激励法避免了像猎狗那样工作能力较强的员工的惰性。你不会因为激励作用太小而放弃努力，而是一直有危机感和紧迫感，必须坚持不懈地努力，否则你就不能晋升到上一个阶梯，而是被淘汰出局。

麦肯锡的做法很好地利用了激励机制来打造一支优秀团队，并且解决了我们之前所说的团队考核制度存在一些不公平因素以及负责考核的主管信息掌握不全等问题。

正确应对张扬的个性与优势

有一些团队管理者认为，培养团队精神，就是要求团队的每个成员都要牺牲小我，换取大我；放弃个性，追求趋同。否则就有违团队精神，就是个人主义在作祟。

这种认识是错误的，团队管理者应该正确对待团队每个成员张扬的个性，强调团队对个性的尊重与结合。

在今天，团队几乎随处可见，人们也早已泛滥地使用这个词汇了。

可如果我们想弄清楚什么样的团队才能够使工作做得最出色、什么样的团队管理才能够真正提高团队的效率时，就不是一件容易的事情了，而必须追本溯源，回到对“团队”的理解上来。

这样，团队与一般团体鲜明的差别就显现出来了——这就是要创造团队业绩。

团队业绩来自哪里？从根本上说，首先来自团队成员个人的成果，其次来自团队集体的成果。

一句话，团队所依赖的是个体成员的共同贡献而得到的实实在在的集体成果，这里恰恰不要求团队成员都牺牲自我去完成同一件事情，而要求团队成员都发挥自我去做好某一件事情。

也就是说，我们最不可忽视的是团队高效率的培养、团队精神的形成，其基础是尊重个人的兴趣和成就。

我们需要设置不同的岗位，选拔不同的人才，给予不同的待遇，培养和肯定他们，让每一个成员都拥有特长、表现特长，并且这样的氛围越浓厚越好。

正所谓世界因不同而丰富多彩，人类因差异而个性纷呈。我们需要在区别对待团队成员不同个性的基础上，利用这种差异，进行优势互补，从而优化人才结构。

就像长虹集团前董事长倪润峰所说，在企业弱小时，需要关羽、张飞这样勇猛善斗的英雄打天下，以谋求强盛之道；对于已具规模的企业来说，需要的不再仅仅是几个英勇善斗的英雄，而是更多的掌握不同专长的各行各业的优秀人才，通过对这些人才进行优势互补，达到最大化利用资源的效果。

因此，我们要根据团队的发展方向和工作的具体要求，根据人才的年龄、性格和能力结构选拔最适合企业的员工优势互补，使企业最具竞争力。这种优势互补不是一件容易的事情，需要企业内部各种人才的共同努力。

☆如何搞好优势互补

◇年龄优势互补

年龄优势互补是人才梯队建设中的一个重要方面，它要求按照老、中、青的一定比例，合理组织人才队伍，取长补短，发挥各自作用，使一个企业既能继承优良传统，又能不断创新，持续稳步地向前发展。

大部分上年纪的人阅历广泛，经验丰富，办事稳重，威信较高，但体力不足，记忆力和对新生事物的敏感性有所衰退，其中有不少“乐天知命”、缺乏进取精神的人。

中年人知识和经验积累较多，分析能力、判断能力和创造能力较强，但体力和精力不如年轻人。

青年人身强力壮，记忆力、想象力和创新能力较强，接受新思想、新事物快，闯劲大，但缺乏经验。

为了发挥他们的整体优势，管理者可以让老年人从事参谋、顾问和咨询等方面的工作，指导后辈决策，进行传、帮、带；中年人可以从事第一线的工作，如重大谈判、项目指挥和工程监理等领导工作；青年人则可以从事开拓性、突击性和攻坚性的工作，如市场开拓、方案编制、程序设计和工程实施等。

◇个性优势互补

俗话说，“一个神一个像，一个人一个样”，人的个性既是丰富多彩的，又是千差万别的。

在企业中，我们常常可以看到有的人外向，有的人内向；有的人泼辣，有的人宁静；有的人健谈，有的人寡言；有的人急躁，有的人温和；有的人风度翩翩、彬彬有礼，有的人不修边幅、不拘礼节……

要让这些独具个性的人凝聚成一个整体，不但要尊重每位员工的个性，使其创造性得到最大限度的发挥，又要强调团队精神，使每个人、每个部门协同作战，发挥最好的整体功能。这就要求管理者在考虑人才队伍配置时，一定要注意员工的个性互补，减少内耗，增强合力。

这就好像让江海吸收骄阳的燥热，让火焰融化坚硬的冰块，让黏土增强砂浆的黏度一样……虽然过程很难，但一旦融合成功，将焕发出巨大的能量。

◇能力优势互补

能力优势互补是指在企业各部门中，不同学历、专业和经验的员工应当有一个合理分布。现代企业的决策、经营管理、市场开拓等工作都是一些复杂的系统工程，需要多种知识和技能的横向联合。

在“知识爆炸”时代，任何一个人都不可能掌握众多的科学技术知识和生产技能，达到无须他人帮助的境界，每一个社会人都需要与掌握不同专业知识的员工通力合作。

一个充满活力的企业，要有精明的决策者、全面的组织者、踏实的执行者、机敏的反馈者、冷静的咨询者、廉明的监督者，做到“八仙过海，各显其能”。

企业的决策层中需要经济师、会计师、工程师，还需要市场研究人员；管理层中需要行政经理、人力资源部经理、财务部经理、技术部经理和工程部经理；此外，还需要掌握不同知识和技能的员工。

☆曹操的一封信

在曹操兴师西征，平定汉中，得陇望蜀之际，孙权受到诸葛亮的鼓动，乘虚而入，亲率大军突袭曹操的后方，一举夺得皖城，并乘胜前进，直逼曹操的东征根据地——合肥。

在守将张辽忧心忡忡的时候，忽然收到曹操派人送来的一个木匣，上书“贼来乃发”四个字。当孙权率十万大军逼近合肥时，张辽等人开匣观看，书中指出：“若孙权至，张、李二将军出战，乐将军守城。”

为什么远在八千里之外的曹操要送一个木匣，对守卫合肥的将领做出如此具体的安排呢？

曹操极善调兵遣将，为什么要违背“将在外，君命有所不受”的军事原则呢？这样做会不会脱离实际，导致军事指挥上的混乱呢？事实证明，曹操这样做，正是从实际出发，在大敌当前的背景下，促成张辽、李典、乐进几位将军精诚团结和优势互补，以取得率兵御敌的最佳效果。

具有知人之明的曹操，对三位战将的性格修养、用兵特点和作战能力非常清楚，并且对他们三个人之间平时的隔阂洞若观火。

果然不出曹操所料，受命之后，张辽坚决执行曹操以攻为守的战略决策，表示亲自出去，和敌人“决一死战”，展示了宽广的胸怀和豪迈气概；李典“素与张辽不睦”，对于张辽提出的建议，起初“默然不答”，后为张辽的行为所感动，立即表示“愿听指挥”，反映了公而忘私、勇于抛弃前嫌、豪爽直率的性格；乐进是个中间人物，对张、李二人都不敢得罪，并且有一点怯战心理，一见张、李二人的意见一致，他也信心十足，绝不甘愿落后。

在兵临城下，人心恐慌的紧要关头，曹操一封书信使三位将军同心抗敌，转败为胜，把不可一世的吴军打得七零八落。这一战事令“江南人人害怕，闻张辽大名，小儿也不敢夜啼”。

曹操远征汉中，为什么要让“素皆不睦”的三位将军同守合肥呢？后人孙盛对此感触较深，他认为：“夫兵者，诡道也。至于合肥之守，孤弱无援，专任勇者，则好战生患；专用弱者，则惧心难保。”

可见，曹操在赤壁战败后就独具匠心，巧用张、李、乐三人，使他们在性格上取长补短，甚至有意利用他们之间的不同见解，防止一人随意决策。

警惕制度化盲点：成就真正的狼团队

如果狼团队中的所有成员都有一致的价值理念，在这个基础上也形成了一个有共识的目标，并且已经用制度的形式将目标描述出来了，那么我们还有一点需要留神，就是别忽视制度化的盲点。

盲点一：我是对的。

某些中国企业的高层管理者中容易形成这样的思维，管理者的判断不是按价值观来判断，而是强调自我。

制度的管理变成了自我情绪的延伸，这也容易造成团队的分裂，因为大家不是为一个目标做事情，而是在为一个人——老板做事情。

盲点二：只讲外部营销。

我们有时候只注重向我们的客户推销理念，而常常会忽略对内部员工进行理念推销。

其实内部营销非常重要，如果企业内部的价值观没有得到统一，没有得到大家的认同，企业的裂缝就已经产生了，而当压力大到一定程度时，就会分崩离析。

盲点三：老板差异化能力短缺。

在一个团队里，稳定靠制度，但发展要靠团队核心人物。

团队领导者与众不同的地方，就是能看到团队发展的方向，在关键的时候推一把，而不是时时刻刻与大家混在一起。否则，一个团队就会“群龙无首”。领袖是干什么的？就是带路，把团队引到一条正确的路上去。

如果团队中的领导没有异于员工的认识事物和解决问题的能力，团队一旦遇到困难必将造成团队内部混乱，进而土崩瓦解。

同样，如果一个团队陷入制度化的盲点，也将会在遇到挫折时造成人心涣散，最终分崩离析。

☆让团队领导者的决策死亡

实际中，团队很难让团队领导者的决策“物理死亡”，所以，我们需要定义一系列“死亡”机制。

在人力资源管理课程上通常会强调，让员工自己加强对自身能力的认同，从而建立信心；而“随时死亡”的制度却恰恰相反，其所做的都是“狠狠打击”团队领导者，让他由原来的对自己比较认同，到对自己现状的强烈不认同。

管理者要做的是开动脑筋，去定义更多的“死亡”，而且，实现“随时死亡”的重要方式是评估并决定“死亡”与否的周期要短，最好是一个月或两个月（对管理者，因为工作成效的评估需要更长的周期，所以可适度放长）。

“死亡制度”真正发挥效果的一个重要前提就是“随时死亡”。而如果“死亡”种类很少或评估周期较长，那么，就违背了“随时死亡”原则，而使效果几乎为零。

第一步，建立并执行“随时死亡”制度。用制度，而且是刚性制度，使符合“死亡”定义的团队管理者的决策真正“死亡”，也就是说，必须让符合“死亡”制度的决策消失，即使是对某些方面确实优秀的团队领导者也要毫不犹豫。

第二步，管理者千万不要破坏“随时死亡”制度。如果“随时死亡”制度不是刚性的，该“死”的决策你却让它“活”下来，那么，其他员工就会想：“哦，原来不会真‘死’，没用。”

一旦员工建立起这种心理期望，“随时死亡”制度就完全失效了，留下的，只是毫无用处的“危机企业文化”。

所以，如果你想有一个狼团队，那么，你就必须成为草原的腾格里，恪守草原完全竞争规则下的随时死亡，只有这样，团队才能健康发展下去。

介绍了企业的制度化盲点之后，我想我们不得不思考：怎样才能将企业文化与企业制度融合起来，建立起能造就大灰狼的企业制度？

我们先来看一则简短的故事。

一个卷烟零售户因不满附近一个零售商的渠道进货行为，向本地烟草公司举报，结果打到了该公司财务部，接听电话的人说：“我这里是财务部，这事归专卖部门管，要电话号码你可以问问办公室。”

电话打到办公室，被告知专卖部门电话，然后，该零售户满怀希望把电话打到了专卖部门，结果，接电话的人说：“管你那片区的人不在，你下午再打电话来吧。”

这么折腾了几次，此事就不了了之……

我们现实生活中有很多类似卷烟零售户遇到的问题，这个小故事暴露出了目前我国企业制度建设中的两个严重问题：

企业制度安排有严重缺陷；

企业制度和团队精神严重背离。

可见：

一方面，现代企业需要现代化管理，现代化管理离不开现代企业制度；另一方面，企业的团队精神是企业管理的内核之一，这一命题早已成为所有成功企业的共识。

企业团队精神的建构与制度安排的好坏将直接影响到企业的管理水平。烟草企业作为特殊的国有企业，探讨、实现企业制度与团队精神的良性互动具有十分特殊的意义。

我们还是以烟草公司为例，现行的烟草企业，由于长期计划体制经营模式的影响，烟草企业代表国家控制了烟草的所有社会资源，包括烟叶的种植、收购，卷烟的加工、生产、销售，价格的制定和调整，市场的监督、管理，形成了“有计划的卷烟市场经济”，无形中构筑了企业人员的习惯思维定式，“唯我独尊”的经营理念不可避免。

加之烟草企业属于政企合一的企业，两块牌子，一套人马，既当运动员，又当裁判员，更巩固了其在市场中的王者地位，成就了一个在市场经济中可以凌驾于其他平等民事主体的特殊主体。

体现在我们的经营指导方针上自然为：让市场接受我们的安排，服从我们的管理；而企业自身的管理由于缺失外部压力，却显得十分脆弱。

随着烟草市场逐步放开，尤其是我国在WTO中的承诺，世界烟草巨头不日将与我们的“国有企业”同台竞技，烟草企业的生存和发展将面临现实威胁。

“山雨欲来风满楼”，我们众多的烟草企业当然认识到开放市场意味着什么，纷纷提出了转变经营机制、加强服务等各种新理念，进行一些自上而下的制度变革。

然而，面对市场经济，我们仅仅喊几声转变观念的口号是远远不够的，我们必须把关键落实到制度创新上，使市场观念深入人心，自觉地完成从“客户为我”到“我为客户”的历史性跨越，这是我们制度改革的目标所在和逻辑起点。

从目前状况来看，这一工作远未完成，旧体制下暴露出来的弊端在新形势下越发显现出来，综合来看，目前的制度安排存在如下缺陷和不足：

其一，制度的形成缺乏科学性；

其二，多行为模式，少后果模式；

其三，重制度建设，轻制度执行，制度监察流于形式；

其四，制度创新能力、制度再造能力不足，等等。

团队是一群出于共同目的而一起工作的人，他们必须相互依靠，以实现共同认定的目标。

但团队并非一个所属成员简单组合在一起的工作群体，它是一个有机的、协调的并且有章可循的、结构合理的整体。

这个整体的能力并不是它所属成员能力的简单算术和，而是一种不论是在数量上还是质量上都远远超出原有成员能力的新力量。

当前进行的烟草企业体制改革，其目标在于提高企业的核心竞争力，而核心竞争力既不是技术也不是规则，因为这些都是短期的，只有具备不断进化能力的团队才具有最终凝聚能力，才能使企业百年后仍经久不衰。

因此，在大力倡导和弘扬团队精神这一特殊语境下探讨企业制度的重构具有十分独特的意义。

综合来说，团队精神与企业制度的关系应当体现在以下几个方面。

◇企业方针、制度的决策和形成应当融入团队精神

按照现代公司法原理，形成公司的各股东或利益集团均由公司以法人身份进入市场从事各种商业行为，从企业方针、战略制定到具体措施的实施均体现企业的整体利益。

因此，在相当程度上，公司法人具有商事人格权。

所以，作为法人授权的具体执行者及其领导的团队也就应当以一个整体姿态出现在商场，这是现代企业制度原理和市场运作规律对企业的必然要求，团队精神融入和渗透无疑是符合这一内在规律的。

企业制度的形成应当是一个科学、民主的决策过程，是一个集思广益、发挥众人智慧和力量的过程，是综合指挥员的经验和众多战斗员丰富的实践的过程。

很难想象在一个宁静的港湾潜心研究出的企业制度能够自如地应对瞬息万变、暗礁密布的市场状况。

我们的企业中各种规章制度并不少见，但常常是被束之高阁，究其原因，其中很重要的一点就是制度本身严重脱离实际，自然就形同虚设。

◇企业目标的实现需要团队精神

索尼公司是世界著名企业，之所以能有今天的成就，与其“家庭式”的管理方法是分不开的。

在索尼公司，每一个员工都被视为大家庭的成员，每个员工都能够发表自己独特的观点，同时，又强调员工之间要像在一个家庭中生活一样互相配合、协调。因此，公司的每一位员工由于受到充分的尊重，才华得到充分发挥。

结果是，公司得到员工同等的回报——积极工作并对公司忠诚，于是索尼公司获得了巨大的、可持续的事业成功。

成功的团队并非以压抑个性为代价，相反，成功的团队十分尊重成员个性，重视成员的不同想法，真正使每一个成员参与到团队工作中，风险共担，利益共享，相互配合，完成团队工作目标。

团队精神可以通过各种形式进行倡导，但以制度形式将其固定或者在制度中体现团队精神的要义则必不可少，以达到二者之间的良性互动。

回到本节开头提到烟草举报的例子，财务部、办公室及专卖部门的人员最大的错误在于，一方面，他们只看到了自己在公司中所处的位置，但对客户而言，他们的一言一行代表公司，他们未能对公司的利益承担起责任，当然也就损害了企业的对外形象；另一方面，也说明了企业在公司管理制度设计上显然忽视了人的因素，忽视了团队精神在制度执行过程中所起到的作用。

◇团队精神是制度创新的巨大动力

人是各种资源中唯一具有能动性的资源。

企业的发展必须合理配置人、财、物，而调动人的积极性和创造性是资源配置的核心，团队精神就是将人的智慧、力量、经验等资源进行合理调动，使之产生最大的规模效益，用经济学的公式表述即为“1+1＞2模式”。

谈及团队精神，我们往往只认识到团队精神所体现的凝聚力对企业制度、企业文化的影响力，然而在全球知识经济和中国加入WTO直接融入国际市场的背景下，我们尤其要认识到团队精神对企业制度创新的巨大意义。

近年来，许多公司全员上下进行了多次转换经营机制，转变经营观念的大讨论，提出了不少新思路、新点子，出现了一些新举措、新气象。而如何及时地将这些成果反映到我们的制度建设上来，使之上升为行动规范和操作指南，再通过不断实践，随市场变化而不断地更正，随市场需要而适时创造却往往被忽视。

要知道，只有我们的制度不是僵冷的教义，我们的团队精神才不再只是空洞的说教。

◇制度建设是团队精神的有力体现和保障

一方面，我们要把在新形势下团队精神的具体内涵反映到制度上来，不断进行充实、修正；另一方面，我们要重新检讨奖惩机制、分配机制，确定是不是真正做到了权、责、利相统一。

比如，通畅、透明、多向、经常性的信息交流体现了一个企业团结一致、信息共享的良好团队精神，这种信息交流机制在日本已成为企业极为重要的管理制度。

可是在我们的不少企业中，信息交流并没有形成有效机制，无论是领导外出参观、交流，还是业务人员因公出差或后勤职能部门外出履行职责时，采集到与企业有关的、有价值的信息，大多未形成书面报告、分类归档，更难谈得上横向交流和支持相应调研。久而久之，一些有价值的信息就渐渐从记忆中流失了，决策的依据有时就只剩下了“好像”“大概”，甚至是伪证。同样是一次观摩，一次学习，一次差旅，一次谈判，我们能为企业所做的贡献远远小于日本人。

再如，自律精神是团队精神的精髓之一，在我们的商业应酬中，考虑到下午仍有工作，午间应当禁止饮酒，而我们的不少领导和业务员仍喝得大醉，自然影响到下午的工作，而我们的制度对此依然放任自流。

因此，我们在实现事业的征途中，除认识到团队精神是企业的核心竞争力外，还应该知道企业制度对提高核心竞争力的作用。

企业制度的变革和重构应当围绕如何提高核心竞争力展开。

当然，弘扬团队精神，深刻领会团队精神在新形势下所蕴含的内涵和重大意义，并以此为一种理念来指导制度重构和经营机制的转换，任重而道远。

06

分工协作，让团队越发强大

群狼由于有头狼的带领，在辽阔的草原上，即使雄狮也不敢靠近它们，这就是恐怖的群狼效应。

这种群狼效应，对于头狼来说，其实是一个借力过程。

《韩非子·说林下》中记载，古代有一种奇特的鸟，头重尾轻，要到河里去饮水就必定倾倒，为了站稳脚跟，防止扑倒，就需要另一只鸟衔着它的羽毛它才能饮水。

韩非子评论说，这种鸟为了饮水而不得不借力同伴衔着它的羽毛。

有时候，人们因为意识到自身的缺陷，同样也会不得不采用借力手段。

在商场上善于借力本身就是一种竞争智能。充分利用商业资源可以达到借力竞争的效果。在现代企业经营中，经营者必须学会与人合作，借助他人之力来发展自己，壮大自己。因此，合作是企业摆脱困境、扩大市场的最佳选择。

说不清是受何种文化背景的影响，国人在自由选择的条件下，更愿意单打独斗，而不愿意选择团队协作的方式。

“一人成龙，三人成虫”已经成为国人的独特标签。

我们当然知道被人用“一人成龙，三人成虫”讥笑是件耻辱的事情，是关系到一支团队、一个企业、一个行业乃至一个国家和民族尊严的问题。

然而，当我们真正遇到需要借助他人力量的时候，我们又开始怀疑，开始退缩，我们总是更相信自己单打独斗的效果。

“一人成龙，三人成虫”与“三个臭皮匠顶个诸葛亮”所体现的团队力量恰恰相反，如果不能很好地将团队个体融合在一起，将会使团队力量小于个人力量。那么，我们如何避免“三人成虫”呢？

某国有企业靠着积累的市场基础，经历了几年快速发展，成为一个具有市场竞争力的大型国企。

可是，同其他企业一样，在市场经济条件下，企业的成长遇到了障碍，销售额不再上升，内部管理出现混乱，人浮于事的情况在各个部门都不同程度地存在着。

企业高层管理者经过讨论，决定请某知名咨询公司对此进行深入的研究，发现问题并提出改正意见。

咨询师在咨询作业中，发现该企业存在种种问题，尤其突出的是，各部门人员缺乏团队凝聚力，因人设岗现象非常严重，存在严重的部门本位主义，岗位分工不明确，基层员工广泛存在责任推诿、多干不如少干的思想，于是，咨询师精心设计了一次有关团队精神的培训。

咨询师花了很多时间强调团队与团体的差别，强调团队是有共同目标，内部有分工，但又彼此高度信任、密切合作的一组人。然后，他开始热情邀请所有到场的人一起做一个精彩的游戏。

这让在场的人感到非常惊讶，有人表现出热情，有人不置可否，更有人投来了怀疑的目光。

咨询师开始宣布规则："请所有人都伸出你的食指，并放在你胸前的位置。"咨询师让助理人员拿出一根铝制单杠，继续说道，"所有人的食指都必须轻轻托着单杠，不许用手钩，每个人的食指都不能离开单杠，然后把这根单杠放到膝盖的位置，如果有人手指离开单杠了，就算违规，必须重新开始。现在你们两个小组假设是两个企业，你们在竞争，谁最快完成项目谁就是优胜者。"

会场立刻热闹起来，所有人都跃跃欲试。

但是，几次尝试，两个小组都以失败告终。

很多人开始议论成功的方法，但谁都没有站出来，一时间，场面有些混乱。

突然有一个小组站了出来大声说愿意再次接受挑战，这个团队甚至选举了一个小组长，大家在这个小组长的口令之下开始慢慢地将单杠往下放。

但是这根难以驯服的单杠并没有下来，虽然所有人都全神贯注，但单杠总是一头高，一头低，这边的人已经放下了，而另一边的人还在原地，单杠倾斜得厉害，有些人的食指最终还是离开了单杠。

有人开始怀疑这种游戏是不可能成功的，因为单杠太轻了。

有人开始指责别人："都是××的错，我发现每次都是他那里下不去，你以后要注意点！"所有人都把焦点集中在别人身上，好像都是别人犯的错。

咨询师要求所有小组重新进行挑战，并认真观察成员动作，毫不客气地将犯规的学员找了出来。

令大家诧异的是，这次最先犯错的竟然是刚才那位指责别人声音最大的同事，大家都笑了，咨询师宣布游戏重新开始。

又有一组好像也选出一个领导，他站出来宣布游戏过程中小组成员应该注意的问题，希望大家都先不要急着往下放，而是先轻轻托着这个杠子，找准每个人的感觉，看着自己的手指，只要团队成员一起慢慢托着往下放，相信一定可以成功。

这个组的人都全神贯注，每个人都各司其职，关注自己的手指，看得出，大家都想成功完成这个游戏，而且全身心投入。

所有人都开始轻轻往下放这根单杠，这一次单杠虽然摇摆了几下，但毕竟开始慢慢下降。

但还是有人犯规了，咨询师又一次宣布重新开始。

大家先是轻松笑了笑，并没有彼此埋怨，而是鼓励那个犯规的人："没关系，我们这次已经比上次进步多了，下次一定会更好！"

这次大家没有仓促地开始游戏，而是一起讨论游戏过程中的动作，并达成了一致。小组这次准备分阶段来完成这个游戏，比如喊完1、2、3后都往下放，然后头儿叫一下停，就都停下来，稳定一下，然后再喊1、2、3，再停，采取分步走策略。

比如，第一次放到胸部的位置，再次放到腹部的位置，以领导的口号和位置为准，每个人都用余光看着旁边的人，这样就可以保持一致。

游戏终于又开始了，这次大家显得有些激动，有了新的方法，可能成功就在眼前。

“1、2、3，开始……”那位领导在指挥这个小组。

他们发现，成功的曙光越来越近……

这个时候场面变得特别安静，只有领导的指挥声。

在游戏的过程中，咨询师关注着每个人的一言一行……

“成功！”咨询师高声喊道。

“好！”这个小组立刻陷入了一种成功的喜悦，有的人高兴得大叫起来，有的人拍手表示祝贺，有的人互相握手表示鼓励，甚至有人相互拥抱，咨询师发现拥抱的竟然是先前那两个互相指责的人。

看来，上面所说的成功，团队已经学习到了一个简单的道理，那就是：不怕失败，靠团队的力量，发挥每个人的作用，团队目标就一定会实现；而当目标取得成功，更会激发成员的团队意识，形成团队精神的良性循环。

通过这个游戏，你是否发现了本节所要介绍的内容？那就是群狼效应。群狼效应只有在一定的条件下才会发生作用，对于一个英明的领导，融洽的团队关系和有分工但更重合作的科学合作方法是必不可少的。

三人成虫：各行各业的奇怪现象

现在，各行各业出现了许多奇怪现象，然而这些奇怪现象的根源在哪里，许多人并没有进行探究。

我们还存在不少经典的疑问：

为什么一个和尚挑水喝，两个和尚抬水喝，而三个和尚反而没水喝了呢？

为什么许多团队中每个人的智商都在120以上，但团队智商却只有62？

……

在分析问题原因之前，我们先来看一个案例。

明星团队VS明星的团队

在体育竞技的赛场上，关于一些团体项目一直有一个发人深思的问题：明星团队和明星的团队到底哪个更强一些？

这里需要稍微做一下解释，所谓的明星团队就是团队的成员名气都不是很大，起码算不上是明星人物，但是他们在一起，磨合得很好，赛场上配合的默契程度很高。而明星的团队指的就是团队里面的成员名气都很大，单独拉出来个个都是明星级别的。也就是说，这是一个由明星组成的团队。那么当这样的两个团队碰到一起的时候，哪个团队的赢面会更大一些呢？这个问题我们先不着急回答，我们先来回顾一下2004年雅典奥运会上美国男子篮球队的表现。

我们先来看看当年在雅典奥运会上美国男篮的出场阵容：阿玛雷·斯塔德迈尔、卡洛斯·布泽尔、邓肯、艾弗森、勒布朗·詹姆斯、卡梅隆·安东尼、马里昂、奥多姆、韦德、理查德·杰弗森、斯蒂芬·马布里、奥卡福，带队的主帅是拉里·布朗，也是威名赫赫的人物。尤其是蒂姆·邓肯和阿伦·艾弗森更堪称MVP级的巨星。

可以说这次美国男篮里面的成员，每一个都是名声在外的明星级人物。按照前面对于明星的团队的定义，这妥妥的就是一个明星组成的团队。包括带队的主帅在内都是妥妥的明星级别的。那么我们再来看看这支球队的最终战绩吧，结果这支赛前呼声很高的“梦六队”不仅没能实现夺冠的梦想，甚至在面对波多黎各、立陶宛、阿根廷这样的球队的时候连连败北。也正是因为如此，赛后这支“梦六队”被媒体戏称为“噩梦队”。

为什么一个由明星组成的“梦六队”会打出一个这样出人意料的成绩，甚至被媒体戏称为“噩梦队”呢？这当中一个非常重要的原因就是这些明星都是赛前才临时组合到一起的，他们之间缺乏足够的默契，很多得分都是靠明星球员过人的个人能力独自拼出来的，几乎没出现过配合得分。但是面对对方已经磨合得很好的团队，个人能力再强又怎么能一个人战胜一个团队呢？如此看来，失败也就是情理之中的事情了。从上面的例子不难看出，就算是一支由明星组成的团队，如果不能破除“三人成虫”的魔咒，也照样抵不过一支配合默契的由非明星组成的团队。

好端端的团队就这样分崩离析，的确让人感觉到非常惋惜。那么，团队的集体跳槽究竟是因为什么呢？

其实，真正的团队精神在团队集体合作的同时是能充分兼顾到个体独特优势的。

正如我们所说的狼性团队，就是一支具有狼性团结精神而又体现狼个体特性的团队。我们必须明确一点，所谓的狼性团队并不是一味地强调团队精神而对个体优势进行无情的扼杀。

当年孟尝君门下食客数千，但在必要时“鸡鸣狗盗”之徒却发挥了关键性作用。试想，如果孟兄一开始便强调合格食客的审核标准，那么这些“鸡鸣狗盗”之徒势必会被早早地刷掉，剩下的则是一帮团队精神极强、标准高度统一的平庸之辈。

同样的道理，神话故事中的“八仙”也是各有绝活，但如果规定大家在前进时一定要目视前方，那么“倒骑驴”的张果老就会被勒令下岗、清理门户。

其实，这些分析已经揭露了团队跳槽的重要根源。

☆根源一：团队成员对团队领导的高度服从感和依赖感

团队最初审核时遴选标准的高度统一（顺我者进，逆我者出），在反复的大浪淘沙中慢慢筛去少部分对团队领袖处于“游离状态”的不太听话的成员，于是便导致了“现役”团队成员对团队领袖的高度服从感和依赖感。

用一句最通俗的话描述就是：“有什么师父，就带出什么徒弟。”从这个角度上看，团队成员对团队领袖产生了“精神教父”般的幻觉。

所以，一旦这个团队领袖另谋高就，便会有一帮“崇拜者”像被牵走了魂魄一样鬼使神差地追随而去。对于有个性的团队成员而言，这无疑是一种丧失自我的悲哀。

在完全竞争状态下的自然界里，狮子、老虎历来是独来独往，而蚂蚁、蜜蜂则往往是成群结队。

我们经常见到有人在感叹蜜蜂、蚂蚁的勤劳和团队协作，但我们谁也不能否认狮子、老虎的勇猛和强悍。

现在，我们不妨回过头来做个逆向思考，有谁感叹过蚂蚁、蜜蜂的勇猛和强悍呢？这时候你便不难理解过分强调团队精神无疑会抑制个体发挥的真正原因了。

☆根源二：本位主义

“本位主义”陋习，使人们对“组织”产生了一种天生的敬畏与依赖。

从古至今，各行各业，人们在自由做事的同时念念不忘的便是找到一个值得归宿的“组织”，相反如果是悠悠荡荡，则总会有一种不踏实的感觉。

比如，我原来在企业上班的时候虽然工资不高，但我的父母与亲友都夸我很能干，而现在我独立创业收入尽管翻了不止5倍，却总让大家感觉不牢靠。

同样的道理，企业经营，如果是一个集体性的企业则被人尊重，而如果是一个个体商户则被人看不起；在单位里，一个业绩平平的人如果很有“人缘儿”，大家会认为这人不错，并不自觉地袒护他，而一个特立独行的人即便是不“犯事”，也往往会被人“挑刺儿”。

在某些事业单位，这一点表现得尤为突出，正常做事的员工不但要做好本职工作，更要考虑自己“站队”是否正确。如果“站对了队”便可以“大树底下好乘凉”，即便犯个错误也会有人来开脱说“下不为例”或“法不责众”；而一旦“站错了队”，则往往会背上霉运，经常被人刁难，很长时间难以翻身。

常言道，“一朝天子一朝臣”，一旦“天子”的动向有所变更，原来的“老臣”们便人心惶惶、个个自危，大家都很“知趣”地知道自己已经没有“靠山”了。这时候一旦有一点点的变更余地，这些老臣便自然会追随原来的“主子”而去。

还有一个有意思的现象是：原来在“老主子”那里越忠诚的人，而今在“新主子”这里就“死”得越早，于是大家便“防患于未然”，提前“告退”，省得后来没有“好果子”吃，这便是团队集体跳槽的心理根源。

☆根源三：团队领袖自身的经验主义和偷懒行为

如果把这些另谋高就的团队领袖算作职业经理人的话，那么这些所谓的“职业经理人”展现出的做派则是高度的不职业。

因为他们不自觉地流露出了自己非常狭隘的偷懒行为，他们总认为终究还是自己带来的人用起来更“顺手”、传达起来更顺畅、管教起来更听话。

而如果重新对新加盟公司的现有团队进行驯化和整改，则无疑要费很大功夫。即便如此，也未必能有良好的收效，弄不好“下面”搞个“兵变”还会把自己“搭进去”。

所以，与其这样，还不如干脆把自己的旧部给“忽悠”过来，大家都省心省事，于是乎，便不惜用“美女+金条+高官”等高额许诺的卑劣行径把原单位的旧部给“忽悠”过来。

这其实就是对原来经验主义的沿袭行为，是一种缺乏挑战意识的偷懒表现。

真正优秀的职业经理人即便是单刀赴会前往一个新的公司，也照样能把新部下管理得井井有条。

☆**根源四：团队成员的伪义气和盲目跟风**

大家都知道阿Q精神，并且对其印象最深的就是“精神胜利法”，但你如果重新深层次研读鲁迅先生的原著《阿Q正传》，便不难发现他还狠狠地讽刺了一种民间普遍的盲目跟风思想——阿Q在不知“革命为何物”和“究竟革谁的命”的情况下就稀里糊涂地加入革命大军跟大家去革命了。

这种盲目跟风的思想如果表现在团队里面便是一种“伪义气”。

我们自古崇尚“士为知己者死”“为朋友两肋插刀、肝脑涂地”等“仗义之举”，因此，便演化出了一出出极端化的“愚忠”悲剧。

在今天的企业管理中，某个团队领袖在位的时候便已经陆续有“聪明”的下属前来频繁地“表忠心”，而一旦这位领导有所震荡但尚未离任，大家都很难断定领导究竟能否“平安脱险”的时候，会马上有一帮“忠臣良将”前来安慰性地表示“不管动向如何，我们都愿意追随”，这时候不来“表示追随”的人反而会被大家讥讽为“两面三刀”或“见风使舵”。

等风声过后，领导则会回过头来马上“收拾”这些“不忠诚”的人。当然，如果领导最终真落马，那些原来没“表示追随”的顽固派便会成为“新朝元老”，而原来“表示追随”的则要么食言投靠“新主子”，要么就彻底丧失了继续的机会，真要“追随”而去了。

但是，我们宁愿相信它是这样一种“潜逻辑”：那些“表示追随”的人，绝大多数仅仅是在一种特殊的“政治气氛”下亮出的一种“伪义气”的姿态而已，到最后不得已才“弄假成真”，落得“流离失所”，只好追随而去。真正追随而去的人，才是真正有义气的人。

整体观之，我们会看出一个非常有意思的现象：从最初的积极鼓励大家建立团队、增强团队意识，到中间形成“某个体制外的权威”，形成“大集体下的小集体”，再到后来的本位思想、偷懒行为，直至最后形成了事实上的“功高震主”，并完全失去控制。这一切的演化过程逐渐明朗，表现出一种“积极提倡—主观纵容—潜移默化—完全失控”的可笑推导，一切都是咎由自取、罪有应得，不值得同情！

而当初因过分鼓吹团队精神带来的“物极必反”的扭曲，也使这些原本“忠心”的团队成员变成“骑墙派”，总是跟着领导跳来跳去。因此，只有采取一定的规避措施，才能有效地控制这种恶性局面。

例如，充分做好集权与分权的博弈，加强对实权人物的职业监管，通过有效分权来拆解实权人物的能力，以此来稀释他的号召力；加强对各类员工个性化能力发挥的鼓励，使大家在不同方面的能力根植于工作之中，以此来找到成就感、荣誉感和归属感，从而让“狼性团队”精神真正发挥作用，而不是走上扭曲的道路步入以上案例的后尘。

文化市场终没逃出怪圈

“一人成龙，三人成虫”的怪异现象从商业到文化都存在着。

有本叫《10导演批判书》的书就是比较极端的一例。

书中对华语影视界的十名导演进行了攻势猛烈的口诛笔伐。票房成功的被骂成艺术堕落，追求艺术的被称为末世遗老，进军国际的便是风格沦丧，迎合观众就是格调庸俗。

中国导演自是多难，那些写手能够容忍好莱坞大片的漏洞，却对中国导演为了振兴民族电影的努力视而不见，一味棒杀，令人寒心。

书中说冯小刚的电影充斥软广告是“露骨的广告行为”。是的，作为商业电影，冯小刚是成功的，风光和明星以及京式幽默成为他现时影片的特点，能把口味越来越杂的老百姓逗乐是一项艰难的事业。可是，我们无法回避当代电影工业是受资本制约的，它是投资人的商业行为，投资的大小直接会影响电影的诸多方面。

批判冯导演的这位写手一定不记得在《天下无贼》中黎叔说的：“要团结，要看到别人的长处。”

张艺谋已经成为中国电影的一面旗帜，甚至可以称为一种文化现象。他从《红高粱》《菊豆》的黄土地色调中跳脱出来转身投入商业巨片的制作，以他的摄影功底让海外观众在欣赏中国功夫的同时看到了梦幻般的画面，他影片的高额投资得到了高额的市场回报，这种双赢局面却被某些中国影人斥为堕落。

《10导演批判书》对张艺谋做了如下评价：“从艺术家的角度看，他缺乏一种独立品质；从艺术的角度看，也妨碍到了作品的美学价值。”但批判者忘记了，当整个文化氛围处在肤浅中的时候，让一个同样处在市场经济条件下的导演独守孤岛是不公平的。那些对张艺谋大批特批的人如果真是心疼导演在艺术上的“堕落”，真是为我们电影着想的话，那就应该拿出白花花的银子，让他躲在象牙塔里创作，因为计划经济下的创作环境已经不再成立。

除此以外，这本书的作者还抓住了第六代导演张元“艺术来源于生活而没有高于生活的问题”大加批判，而忽视了他对中国电影的意义是在于他曾经以黑白胶片拍摄了两部来源于真实生活的、充满人道主义思想的低成本电影《儿子》和《妈妈》。

作者对吴宇森的批判错误在于他根本忘记了吴宇森是个一不留神被人抬到大师位置上的香港导演；还有，李安成功挑战奥斯卡被说成进入了好莱坞的梦想机器而远离了自我个性，其实在他的作品中我们一直能感受到一种来自东方传统的“大儒”；此外，书中对于草根文化代表王晶的评价就如同指责一个路边为民工做盒饭的师傅为什么不去烧制法式大餐一般……

电影是人们寻求梦幻的方式，电影需要导演尽心竭力创作，也希望得到观众共鸣，同样，在解读电影上更需要影评人认真负责地引导。

纵观各行各业，从珠宝市场到电影文化，似乎充斥了一种与建设和谐社会不太协调的色调。总是有那么一批人，他们对什么都不满意，凡事儿都较劲儿，什么都爱极端地大加批判，窝里横，互相抨击。

团队精神如何体现？如何来破解这“一人成龙，三人成虫”的古语？

阿尔布莱特法则，现象背后的管理学机制

关于“三人成虫”有两个认知上的误区需要坚决避开。第一，虽然“三人成虫”是一句中国谚语，但是这种现象却并不是某一国家或者某一人种所特有的。只不过我们的先人用了一种最直白、最形象、最便于

理解的形式表达了出来。也正是因为这种表述方式本身所具有的便于理解、易于传播的特性，所以才会得到那么广泛的流传，形成那么大的影响力。但是，这种现象跟地域和国籍无关。第二，作为一个管理者或者一个管理研究者，看重的应该是这种现象背后所隐藏的心理学和管理学上的机制，谋求一种更加高效的团队协作机制。这才是正解，否则都有不务正业之嫌，或者是显得不够专业。现在我们就来看看，“三人成虫”各种表象之下的管理机制。

首先让我们抛开中国式的表述，从西方的语境当中来认识这种现象。在管理学上有一个法则叫作“阿尔布莱特法则”。如果用一句话来解释阿尔布莱特法则的话，那就应该是：“满坑满谷聪明人的组织，到头来还是做出蠢事。”或者说：“把一群聪明人收编进组织以后，结果往往变成集体性愚蠢。”因为这个法则是由国际知名的未来学者、演说家以及管理顾问卡尔·阿尔布莱特提出来的，所以在西方管理学当中人们习惯性地把它称为“阿尔布莱特法则”。一般在说到这个“阿尔布莱特法则”的时候，人们还会提到两个经典的西方事件，分别是美国宇航局在火星进行的气象人造卫星任务的失败和美国的猪湾登陆事件。我们也来了解一下。

先说美国宇航局在火星进行的气象人造卫星任务的失败。这个事件发生在1999年，执行这个任务的都是当时美国该领域的顶尖级的专家，但是到最后任务还是失败了。任务失败以后，有关部门对任务失败的原因展开调查。最后发现，造成这个恶果的原因竟然是两组顶尖级的工程师在撰写程序时采用了两种不同的运算单位。其中的一组工程师以千米和千克这些公制单位进行运算，而另外一组却以英里和磅这些英制单位进行运算。虽然两组工程师都是顶尖级的专家，虽然他们的工作也都尽心尽力，运算过程中也没有出现任何失误，但是因为他们各自采用了不同的运算单位，最后合并在一起的时候却造成了数据的不匹配，从而导致了任务的失败。

而另一个事件“猪湾登陆”发生的时间还要稍早一些，那是在1961年，犯下这次错误的是当时的美国中情局的副局长李察·塞尔比，他在当时号称全球“最聪明的特工”。1961年1月，肯尼迪刚刚就任美国总统不久。为了对抗古巴的卡斯特罗和他的20万军队，就由当时的美国中情局局长艾伦·杜勒斯牵头，由副局长李察·塞尔比直接负责制订了这个“猪湾登陆计划”。这个计划的内容是把当时流亡在美国的1400多名古巴流亡分子组织起来，在古巴的猪湾附近登陆，然后跟潜藏在古巴境内的反抗分子联合起来对卡斯特罗和他的军队实施打击。这个计划准备了整整3年的时间，可以说汇集了整个中情局所有天才的智慧。顺利通过美国国防部、参谋长联席会议、白宫等一系列的审核讨论后，该计划的最后方案放在了总统肯尼迪的面前。经过一番思考之后，肯尼迪也在计划的执行文件上签了字。

但是事情的结果却让很多人感到了意外，等到美国中情局组织的那1400多名古巴流亡者在猪湾登陆的时候，等待他们的是早已在海滩上摆好了阵势的卡斯特罗的政府军。这场计划了3年之久的猪湾登陆计划，最后以100多人被击毙，1000多人被抓获而告终。这样的结局让美国政府感到非常丢脸，自然也免不了要追查事情失败的原因。想不到调查的结果又一次让白宫感到了意外，原来在制订计划的时候，他们也考虑到了万一登陆被发现的情况。当时制订的补救计划是，万一登陆被发现，这些准备反攻的流亡者就迅速撤退到附近的深山老林里，然后与潜伏在古巴境内的2500多人的抵抗组织和2万多人的公开支持者取得联系。但是实际情况是，这个计划当中所提到的很容易就能撤进去的深山老林，却离登陆的猪湾足足有80英里。而且这中间还隔着一大片根本没办法徒步穿越的沼泽和丛林，这对于那些在猪湾登陆的古巴流亡者来说简直就是绝境。而计划当中所提到的那些潜伏的反抗者和公开的支持者，统统都没有出现过。

按说，这么明显的漏洞是绝对不应该出现在这样一份准备了3年的计划里的。况且负责这个计划的人还是“最聪明的特工”，后面还有各种机关层层讨论和把关。但是这样的事情偏偏就出现了，盛怒之下的肯尼迪怎么也想不明白，“这么聪明的人为什么会想出这么愚蠢的点子？”并且说“在我的一生中，我已经明白，干什么最好不要只依靠所谓的专家。我怎么能如此愚蠢地让他们为所欲为呢？”其实，肯尼迪没明白的是，并不是这些所谓的专家愚蠢。相反地，负责这件事儿的塞尔比是一个非常聪明能干的人，之所以会出现这样的情况，都是因为“阿尔布莱特法则”在作怪。

其实“阿尔布莱特法则”无关东方还是西方，而是跟人的认知心理有关。当人进入一个组织的时候，就很难保持独立自主地思考了，势必会受到方方面面因素的干扰。每一个集体所做出来的决策都是里面成员综合博弈的结果。一个团队里面所涉及的因素越复杂，结果的不稳定性就越大。这些因素如果处理不当，就会造成集体智商水平的内耗，内耗越严重，集体智商水平就越低。一般来说，对一个团队的集体智商水平起到重要影响的因素主要包括他的团队理念和价值观，目标的一致性和集体的荣辱观，团队成员的奉献精神，团队制度的合理性，团队责任的明确性。而这些因素综合起来就是我们管理上经常说的“组织智商”。所以，不管是我们熟悉的“三人成虫”也好，还是在西方流行的“阿尔布莱特法则”也好，虽然它们对现代管理造成了不小的负面影响，但是也完全没有必要谈之色变。只要我们的管理者把握住“组织智商”的几个关键因素，积极地去改善它们，用“组织智商”来破解这个魔咒确实是一个行之有效的好办法。

团队协作让我们走出怪圈

“一人成龙，三人成虫”说的是我们的团队因为缺乏团队精神，团队内部不团结、不协调，团队成员不服从团队管理者指挥，团队管理者管理水平低下等现象产生的怪圈。

破解这种怪圈的法宝是什么?

我们可以回到对狼群的研究，狼群能告诉我们怎样走出这个怪圈。

关键的一点，还是团队精神，这也是狼群可以走出“一人成龙，三人成虫”怪圈的原因所在。

我们以对团队精神最为需要的行销行业为例，来谈团队精神怎么带领人们走出“一人成龙，三人成虫”这个怪圈。

在以前，营销一直被认为是个人顾个人，多干多提成，只要完成自己的销售任务就好的行业，甚至有人认为其内部业务员之间也是竞争者的关系。

而如今，这种传统的个人行业都已经从单打独斗的业务员时代逐渐过渡到了团队营销时代，这就是营销行业现在非常强调团队精神的原因。

团队精神可以通过以下四个方面带领我们走出“一人成龙，三人成虫”的怪圈。

发现：团队化问题

我们已经全面进入了系统竞争的时代，组织建设与管理也从偏重个人行为转变为组织行为，现在的营销战，已经从单体作战发展到团体作战，从猛虎模式发展到了群狼模式。

这要求我们从个体到整体，从理念到实际行动都要做出相应的改变。

群狼团体作战的方式已经在商界得到了广泛应用，其中IBM的流水线营销小组就是应用团体作战的典范。

☆ IBM公司“流水线营销”小组

让我们来看一看IBM公司“流水线营销”小组的汇报。

首先是一组的汇报：

“我们组有6个人，我们的主要任务就是为销售二组提供优质的目标客户，直到我们接触到优质目标客户的关键决策人后，才将二组的商务专员引见给客户的多个部门负责人。

“由于我们是整个销售活动的第一个环节，没有我们为二组提供优质客户，后面几个小组的工作将无法开展，所以，我们就是排头兵。

“我们组的工作成果是：排查了1690个行业客户，筛选出有效的优质潜在客户294个，并成功向二组移交了这294个客户的资料，顺利完成了业务交接。

“我们向二组提供的客户具备潜在购买行为的超过75%，预计采购规模都在300万元以上，并确保二组的商务顾问都认识客户组织中4个部门的负责人。总结全年工作，我们向二组输送的客户占排查客户的17.4%；最后成交客户33个，占我们向二组提交客户的11.2%，这两个比例都超过了年初目标（前者要求是15%，后者要求是10%）。

“当然，如果没有后面3个组的配合，我们也是无法完成任务的，所以，还是请二组的商务顾问向大家介绍吧。”

于是，二组汇报：

“首先感谢一组为我们提供非常合格的潜在客户资料。他们的工作非常突出，每一个转过来的客户基本上是相关企业决策圈内的人物。对有的客户，一组的同事们还介绍我们接触对方的营销总监或者技术总监，这些优质的潜在客户为我们开展工作提供了便利条件。

“我们组虽然只有4个人，面对294个客户，工作量相当大，但我们还是向这294个客户提交了招标书，并与其中136个客户进行了互相考察、技术观摩、会议研讨。虽然还有103个客户没有拿到合同，不过，明年这103个客户中至少有15个会签约。

“在136个我们与之进行接触的客户中，有58个客户进入了合同谈判阶段，41个客户进入了试运行、方案测试阶段，最后确定了33个合同。我们年初的指标是：进入考察阶段的客户要达到一组交给我们客户量的

30%，我们实际达到了 46.3%；向谈判转换的有 58 个客户，占一组转来客户的 42.7%，超过原定 40% 的指标；成功开始方案测试的有 41 个客户，超过原定 60% 的指标，达到 70.7%；拿到合同的占 80.5%，共 33 个客户，基本实现了 80% 的最后环节转换率。

“虽然我们商务顾问组的工作要求最严格，我们要完成提交方案报告、维护客户关系、满足不同人的各种动机，还要落实各种会议、各种技术交流活动，负责最终的商务合同谈判和合同执行管理。不过，如果没有一组提供的优质客户，也不会有这样的成绩；如果没有三组软硬件工程师的支持，四组客户应用实施工程师的支持，也肯定无法取得这样的结果。所以，如同我们总监所说，华南区的成绩是团队销售的结果。”

接着，三组汇报。

……

从上面的例子中我们不难看出，以IBM这样的大企业为首，团队化营销已经走上了历史舞台。

在中国本土市场上，中国企业面对的是高度组织化、专业化的跨国公司团队，这使得以业务员营销及个体营销为主要特征的中国营销模式劣势凸显，面临着极大的挑战。

跨国公司整体营销具有巨大的竞争优势：营销队伍的专业分工与合作水平高；营销人员的专业素养与能力素质强；在企业有效组织之下，营销人员在专业分工基础上密切合作、相互依存；企业提供支持平台，使营销人员能在系统支持之下取得超乎其能力的业绩；严密的过程管理，变散兵游勇状的业务员自我管理为企业的组织化管理。

营销队伍的建设提升到团队化、专业化的程度，这就是团队营销的根本特征，营销的团队建设已经开始替代“业务精英们”。

市场的变化总是静悄悄发生的，我们不能沉迷于一时的成功模式，因为这时变化的脚步没有停止，对市场催生的新型企业来说，所要求的不仅仅是业务能力，更多的是理解顾客价值并实现顾客价值的能力，这个时候，有的业务员功能就开始分化了。

从中国企业营销组织与外国营销团队的对比中，我们可以发现很多团队存在的问题。

第一，团队的创业激情正在衰减，许多企业的队伍对变革的敏感度严重下降，创新动力不足。

第二，团队的凝聚力不足，人员组织认同度低、归属感不强，核心人才频繁跳槽，企业内部人员的频繁流动呈现出非理性倾向。

第三，团队人员的事业追求封顶、职业发展通道狭窄、发展空间受限。

第四，中高层团队职业化管理人才严重短缺，团队的领导力不足，总部专业职能部门人员素质与专业化水平低，管理阶层经验主义盛行，不懂得如何带队伍，习惯于走动式管理，沉溺于兄弟情结，讲哥儿们义气，不尊重理性权威、制度、流程建设。

第五，团队内部关系复杂，内部关系处理出现政治化趋向。新老创业者、“空降部队”与“地面部队”矛盾突出、难以融合，区域经理诸侯意识抬头，区域市场之间难以实现协同，总部职能部门与一线脱节，难以实现一体化运作。

解密：描绘新蓝图

当今社会，市场竞争的激励程度是以往任何一种经济形式所不能比的，日渐信息化的商界需要的是一种新型团队，那就是高效团队。

那么，一个高效的团队应该具有哪些特点呢？

我们可以从狼群身上悟出点什么呢？

狼群有四个特性：

第一，狼有野性、有激情。在市场的博弈过程中，我们也要时刻保持对工作的激情，保持对工作的野性，否则，很难把合同签下来。

第二，狼有很强的敏锐性，反应速度极快。因此，团队领导者要有很强的市场嗅觉，时刻关注客户需求，提高整体市场的反应速度。

第三，狼有团队精神，总是成群结队地行动，狼群内部既要有分工又要有协作，既要有头狼的权威性又要有狼群个体的灵活性。我们也需要有团队精神，团队内部既要分工，要有做 marketing 和 sales 的专业化分工，又要彼此补位、团队运作。

第四，狼有牺牲精神，为了整个狼群可以主动牺牲个体，今天的团队也必须讲奉献精神。我们在实际运作过程中，往往会遇到个体利益与集体利益的冲突，这个时候我们就要学习狼的牺牲精神，以集体利益为重，必要时为了集体利益牺牲个人利益，这种牺牲奉献精神在我国有着优良传统，也是我们团队做得比较好的方面。

具备了狼群四个特性的团队其实就是我们所说的新型团队。

所以，新型的团队必须是一个狼群一样的组织，利用群狼效应来击退敌人，取得一次又一次的胜利，捕获更多的猎物以保持自己所在这个群体的长久生存和发展。

新型团队能将个人能力转化成组织能力、将个人思维转化成组织思维、将个人的理性和激情转化成组织的理性和激情、将个人的创新转化为组织的系统创新，组织内的每一个成员都有共享的价值观系统，每个成员都拥有自己的核心专长与技能。

团队成员之间能力互补、职责分明、分工协作，信息交流无阻隔，团队成员之间知识经验共享，成员勇于创新，勇于自我超越。

新型的团队所形成的结构中，业绩成果、集体工作产品和个人成长三者必须成为和谐的共生关系，这个工作模式需要技能、信任、责任感三个关键的要素来支撑。

◇技能

团队中的每一种技能都是为完成团队的目标所必需的能互补余缺的技能，它可分为三类：

技术性或职能性的专家意见；

解决问题的技能和决策技能；

人际关系技能。

如果要获得这三类技能则需要注意以下问题。

首先，确定团队的成员资格，即需要衡量团队成员这三类技能的拥有程度，无论是实际的还是潜在的，如果不具备这三类技能的任何一种，就不具备成为团队成员的资格。

其次，要关注是否有对团队的业绩很重要的技能被漏掉或低估，如果需要，团队是否能引进新的或补充的技能。

最后，无论从个人还是集体的角度，团队成员是否愿意花时间帮助自己与他人学习和发展技能，每一个人是否关注自己与团队成员技能的改善和提升。

◇信任

团队的信任来自共同目的和业绩目标，每个团队成员都对团队目标实现持有一种信任感，相信通过各个成员的共同努力，技能互补可以最终实现。

◇责任感

团队成员要有承担责任的决心，这种责任感可以用来检验团队目的和方法的质量，如果不能够形成相互的责任感，团队就不会存在。

☆新型团队应该注意的问题

◇理念为先

明确新型团队的结构特点和应具有的精神后，就要着手打造一支新型团队。

首要问题是要从文化和理念的高度重塑组织文化和价值观，要提倡专业协作精神，反对纯粹的个人英雄主义和利己主义，形成企业的文化理念传递系统，增强企业凝聚力。

我知道这一点非常难，但如果我们没有壁虎断尾求生的勇气，我们将失去战斗力。

其次，团队的目标责任体系必须建立并严格执行。一个团队的绩效如何，必须有一套科学的评价系统，必须用数据说话，必须建立任务制定、分解执行、过程控制、结果考核的闭环流程，奖罚必须有章可循，不能凭领导印象，考核不能只考核个人业绩，重点应该考核团队的整体业绩。

◇头狼作用

要保证以上这些实施到位，关键还在于中高层管理者领导能力的大小，领导干部首先要从思想上认识到团队战略转型的重要性。

只是思想到位还不行，还必须做到行动到位，也就是我们常说的“知行合一”。

良好的团队文化能否形成，关键在于领导人，因为他们是企业价值观的核心，既是文化的体现者，也是文化的传播者和引导者，还是文化的监督者。领导人有了价值理念，团队才有方向和灵魂，鉴于此，我们可以从以下几个操作层面来完成这一过程。

第一，确定迫切的重点和方向，一定要与每一个成员沟通，清晰勾画出重点及其方向，达成共识。

第二，根据专业技能和学习技能的潜力选择成员，而不是根据个性选择。换个角度说，就是需要关心能力而不是关心态度，更不要过多地关注个性特点，要特别关注最初的见面或者每一个成员的行动能力，以行动作为选拔和任用的基本条件。

第三，建立一些明确的行为规则。团队成员行为有效性的关键是要有明确的行为规则，会思辨不是团队成员必须具备的关键素质，明确的行为规则才是行为有效的保障。

第四，提出和抓住几个有立竿见影效果的业绩成果的工作指标和目标。

第五，经常向成员提供新鲜事物和信息，使成员随时准备接受挑战。

第六，管理团队成员最好的办法是培训，持续地培训，使团队成员不断成长，具备更强的工作胜任力。

第七，开拓积极反馈、承认和奖励的能力。团队构建的一个方法是不断反馈、树立新的标杆和创建新的激励机制。

◇用人标准

万事成败在用人，应该招用什么样的人才，或者什么样的人才真正适合团队，是团队人才队伍建设的根本问题。

如今，各个行业都提出了素质教育的理念。如同青少年教育也有了素质教育的理念一样，素质是一个综合概念，是培养人才的一种手段。它通过制订相关的培训计划使受培训者掌握事先要求胜任某项工作的素质，比如，营销人员的素质就应达到如下的要求。

第一，灵活性和原则性的统一。在充满不确定的市场环境中，团队成员要敏捷地处理问题，平衡复杂的利益关系，周全地化解各种冲突和矛盾，没有机动性和弹性是不可能的。

第二，战略和执行力的统一。现在不少企业的领导认为团队的执行力不强是主要矛盾所在，实际上，团队成员的战略意识，也就是分析问题、解决问题的方法和智慧在某种意义上比执行力更为重要。中国的市场环境非常复杂，对团队成员的要求更高，因而光有战略或光有执行力都是不够的，战略和执行力相统一才是最重要的。

第三，理性和感性的统一。所谓理性，是指客观、系统地利用数据分析问题的能力。团队成员如果理性不足，就会凭感觉、任性情随便操作，在经验主义的泥坑中不能自拔；但如果光有理性，缺乏感性，则既不利于与人打交道，也不利于在变量极多的混沌问题决策中运用灵感思维，直抵问题的本质。什么是悟性？我看理性和感性的结合就是悟性。

以上只是营销人员所应该达到的基本素质要求，在我们实际的招聘工作中，如何招聘到公司所需要的人才并对人才进行相应培训没有统一模式，我们要遵循一定的原则进行。

每个公司都有自己的招聘标准，并在这种标准的指导下进行招聘，国内外已经有了许多关于招聘培训的理论，同时，许多知名企业都创造出了独具特色的招聘文化，比如惠普的“四三三”模式。

惠普的“四三三”模式是业界比较有名的一种招聘培训方式。它具体指的是什么呢？它又能给企业的人才培训带来什么样的益处？

◇四类员工

四类员工指的是惠普在招聘和培养人才的过程中重点强调的四类人才，即人才培养重点是哪些人。根据员工现有表现和发展潜力，惠普把员工分为四类。

第一类员工是现在可能表现比较差，但是非常有发展潜力的员工，特别是刚从学校毕业的学生，这类员工被列为可培养的人才。

第二类员工是现在表现比较好，同时也有发展潜力的员工。每一个公司都希望有很多这样的员工，这类员工被归类到明日之星。

第三类员工是现在表现中上，同时发展潜力也是中上的员工。这类员工是一群可靠、实干的员工。

第四类员工是不仅现在表现差，同时又没有发展潜力的员工。这类员工是公司应该注意并对其提出忠告的。

对于人才投入，惠普认为重点应该放在可靠实干的员工上。很多企业都很重视培养明日之星，惠普认为明日之星固然重要，但是公司里的大量工作都是由可靠、实干的员工来做的，所以更要注重整体员工的培训。

◇三类人才

惠普把人才分为三类：

专业人才；

管理人才；

领导人才。

差别在什么地方？

领导人才重要的是决定做哪些事情；管理人才重要的是把事情做对做好；而专业人才的工作是具体解决不同问题的。这三类人才在公司里面必须能够适当地发展，从公司的投入角度来看三类人才都需要培训。

其中，最难培养的是领导人才。在快速发展的环境中，要判断哪些信息对我们有益是比较困难的，因而我们对领导人才的培养方法也是不一样的，知识、技能、工作方式、方法非常重要。

比如知识，包括市场知识、社会发展知识。我们知道不同专业的人才要有不同的知识，并不断丰富知识、更新知识，因为知识在快速变化的今天日新月异，一般一两年就被淘汰掉了，所以唯一的办法就是不断更新知识。

还有一点也很重要，那就是企业的价值观。

好的人才，除了具备较强的专业水平、管理能力和领导能力之外，个人的价值观必须和企业价值观一致或接近。

企业由很多人组成，只有每个人的价值观相近才能真正形成企业的价值观。

惠普非常重视企业的价值观，在选拔人才上，特别是对于高层经理而言，他的价值观跟惠普价值观是否一致，在很大程度上决定了他是否能够获得升迁。

◇三种方法

惠普培养人才的方法基本上有三种。

第一种是训练课程的方式。毫无疑问，这是一个最基本的方法，利用训练课程把必要的知识和技能与员工分享，同时进行有效训练，以便于他们发挥所学到的知识和技能。

第二种是教导，就是指员工的部门经理必须是他的导师。惠普要求经理能够对员工不同的表现有不同方式的指导。导师并不限于他所在的部门内，员工可以自行寻求外部导师，不仅包含部门以外的，也包含公司以外的。此外，每隔一段时间导师要跟员工聊聊对公司的看法，了解员工碰到的问题并最大限度地提供帮助。

第三种是岗位锻炼。惠普认为派给员工适当的任务是非常重要的，这就是我们所说的在职岗位训练。比如说培养国际人才，这样的人不能总是待在中国，必须适当提供驻外的机会，因为如果没有机会接触到全球环境，也就很难培养出国际人才所需的知识和技能，所以送到国外一两年积累经验再回来对国际人才是有好处的。又如，对于一些关键人才可以采取轮调的方式，在部门之间、公司之间互相轮调。

培训必须有制度、有计划、有系统，像大学培训一样必须有一级、二级、三级，根据员工不同的需要进行有针对性的培训。

比如说第一次担任经理职位的人，惠普更关注的是让他了解作为一个经理应该做哪些工作，怎样领导一个团队，这次晋升需要的培训课程，等等。条件允许的话，惠普还会通过计算机做一个模拟环境，这个模拟环境和惠普商业环境差不多，参加培训的经理每天接受产品开发、市场资源、人力资源等方面的模拟训练，一段时间之后，惠普会借助平衡记分卡来评估培训效果。

这是一种对经理们思考、决策都非常重要的训练课程。

虽然方式可以有所不同，但是有制度、有规划，并根据经理的级别、时间给予训练，也就是因材施教，因此，惠普培养出了许多业界闻名的经理人。

这些经理人在他们未来的管理过程中秉承了惠普的培训精神，从教导方面因材施教地对自己部门的员工进行培训。正是这种良性的培训系统，使得惠普拥有各种具有竞争力的人才，取得了今天的骄人成绩。

除此之外，惠普对于意愿和能力都很低的人，要求相关部门经理有必要对他们提出警告；而对于那些工作意愿非常强，工作能力也非常强的员工，给他们一定的空间，让他们充分发挥，经理只要扮演一个咨询者角色就可以了。这也是训练经理人员成为一个优秀的导师的机会。

惠普认为这种教导不能仅限于内部，还必须积极利用外部资源，即必须学习借鉴别人成功的经验。

惠普在公司内部成立了一个领导力发展中心，成立这个中心的目的就是提供一个平台，让各界成功人士来惠普对话，比如从GE总裁、著名演员、导演到科学家都到惠普发展中心来论道，这对培训员工有很大影响，可以让他们理解什么是成功以及如何成功。

惠普不仅注重结果，更注重过程，特别是强调用平衡记分卡记录员工的表现，不仅包括财务成效，还包括完成方法、管理效能、客户满意度及忠诚度。

这样，员工的年度考核成绩就成了非常重要的综合指标，因为这个指标会用来衡量经理人的综合能力，经理人也就不得不努力提高部门员工的绩效成绩。

通过惠普“四三三”团队培训方式我们可以认识到，只要通过努力就可以获取团队所需的人才。然而，“四三三”培训方式并不是完美无缺的，有一点是我们需要明确指出的，那就是人不可能走出自己的局限。

针对现有的团队来说，就是一个人才开发和培训的有效性问题，因此，我们不得不导入“结构化”开发概念，即对人才实行“结构化”开发，也就是实行整体性、系统性、针对性都很强的人才开发。

“结构化”体现在以下几个方面。

一是不同层级的团队人员有不同的开发方式，不同的开发内容。初级人员的培训内容以基础知识、基本观念和操作技能为主，中级人员以策略思维、管理技能为主，高层人员以领导能力和宏观视野为主，不同层级的培训体系，呈现出从初级到高级循序渐进的逻辑关系，相互联结，构成整体。

二是采用多种开发形式。针对不同层级人员的开发培训，采用自学、课堂讲授、实地调研、实习等多种方式，使团队人员真正掌握要领，深入领会。

三是合理安排培训周期。低、中、高每一层级团队成员的训练，都安排较长周期，例如，在一至两年内完成，集中脱产训练几次。有些企业的培训，大部分穿插安排在为数不多的几次会议中，时间分散，内容零碎，效果肯定不理想。此外，较长周期的培训，还有一个好处，可以延长营销骨干的职业生涯，并使企业具有较强的培训吸引力。

四是将培训结果考评与任职资格结合起来。考核未通过者，不能升职晋级，这样就增强了培训的刚性和权威性。

现在，我们还有一个问题，许多企业在团队建设方面都面临这样的困局：经过一段时间的拼杀后，人员激情衰退，行动力大不如前，从而导致业绩下滑，这就需要提到如何持续发展的问题。

◇持续发展

有没有什么好办法刺激团队成员长期保持激情？我们可以在以下几个方面进行尝试。

第一，机会牵引。随着经营业绩的提升，可以适度增加区域销售机构，即细分市场，使更多的人（尤其是年轻人）具有自主运作市场的机会。

第二，授职分权。长期从事同性质的工作就会产生疲惫感，给予一线营销人员更大的权限，赋予其更大的责任，使其工作更为丰富，更具自主性，是解决团队疲劳的有效方法。

第三，愿景牵引。登上一个台阶后，继续举目远望，发现远处的风景更壮观、更美丽，从而激发豪情壮志，这就是我们所说的愿景激励。企业领导人应适时提出可能实现的新愿景，从而牵引团队从一个胜利走向另一个胜利。

第四，持续开发。不断地加强培训，使营销人员学而后知不足，知不足而后耻，知耻而后勇。营销人员素质提高了，视野开阔了，境界提升了，一般会自然而然地给自己设立新的目标，从而注入新的活力。

第五，组织激活。适当保持团队成员的流动，淘汰一些不能适应竞争环境的团队成员，给予营销人员一定压力，使外部市场竞争的压力有效地传递到营销团队每一个人身上，是持续保持团队张力的有效手段。当然，要把握好流动的分寸。

第六，激励保证。营销人员的收入随着销售业绩的增长而增加，应使他们能分享企业成长的利益。一个具有竞争力的激励机制对吸引营销人员是相当重要的，因为只有激励水平在行业内具有竞争力，才能吸引一流人才，才能使他们珍惜工作岗位，不断超越自我。

最后，需要特别指出的是，损害团队激情的最大因素是组织不公正，用人没有统一标准，激励没有统一规则，使员工对企业失去信心，从而以消极的方式应付工作。我们务必要提高警惕，防范组织不公正的出现。

实践：向狼群学习

我们通常的做法是理论指导实践，在科学方法论的基础上，自然出现了许多成功的案例，可以说，他们都是依靠团队精神破解了“一人成龙，三人成虫”的怪圈。

轴承是浙江常山县的传统产业，该县对轴承产业抓大放小，全力扶持龙头企业，鼓励龙头企业孵化协作企业。目前，常山县有轴承企业40多家。

它们构成的是一种狼群结构。

常山精密轴承有限公司、常山四通轴承有限公司和常山环宇轴承有限公司为头狼，主攻工艺要求高的磨加工和热处理等技术开发以及市场销售。

30多家轴承配套企业是群狼，承接轴承生产的锻加工、车加工等前道工序，以订单和来料加工的形式向头狼提供配套产品，逐渐成为头狼建在厂外的众多生产车间。

工序分离，轴承企业分工协作，常山轴承的“头狼”企业有了更多的发展空间，可以集中有限的资金和技术力量，实现量的扩张和质的飞跃。

规模扩张带来了规模效应。因为生产成本降低，所以利润空间增大，企业市场竞争力不断提高，常山轴承产业的“蛋糕”越做越大。

早在2003年，以“四通”为核心，9家轴承企业共同组建了常山县第一家省级集团公司——浙江四通轴承集团，由10家企业共同组建的浙江精密集团公司则实现年销售收入两亿多元，企业经营开始迈向多元化，成功涉足房地产、旅游行业。

在头狼企业做强做大的同时，与之配套的轴承协作企业也迎来了发展的春天。

常山昌盛轴承有限公司属“精密”的来料加工型配套企业，初期只有20台几百元一台的仪表，20多个工人，跟家庭作坊没什么两样，慢慢发展到有40多台车床，年加工收入达到100多万元，已能生产十多种型号的轴承套圈。

后来该公司又在常山县新都工业园区买了16亩地，准备扩大生产规模，在确保提供“精密”配套产品的前提下，提高对外接单生产能力。

据统计，在与“精密”和“四通”配套的30多家协作企业中，已经有10家企业跻身规模企业行列，常山县轴承产业规模企业也由此增加到13家，销售收入达3.29亿元，吸纳城乡富余劳动力近4000人。

我们看到，头狼企业的强大对于一个行业的复兴有着不可低估的作用，但是我们忽略了一点，同行竞争的胜利者无疑是个赢家，可是强强联手把整个行业带动起来不是更好吗？

从另一个角度说，我们关注的焦点应该放在顾客利益上，ISO9000质量体系认证一大核心就是顾客满意，意思就是说，不光从本企业的角度出发生产“零缺点”的产品，还要关注顾客需求，就算“零缺点”，但是没人要，同样不是好产品。

在我国企业和市场中，各种联盟不算少，从家电业、零售业、IT到房地产等，每隔一段时间都能看见一些，但是，过不了多长时间，就又会看到其中某些联盟崩溃，不是这家偷偷降价，就是那家违背盟约。

虽然不少企业已经意识到只有强强联手才能把握更多的市场机会，但是由于个别企业在进入初期首先同其他同行业的企业合作，当该企业在强强联合的过程中发展壮大并取得一定成果之后又总是想办法控制股权，开始运用收购、融资、投资、控股等手段，逐步把自己的产品打入市场形成垄断，最终实现占领市场的目的，从而给其他企业带来致命的打击。

很多企业因而对强强联手产生抗拒，最终还是选择单枪匹马作战的方式。

这也许在市场经济初期还能有发展的空间，然而在21世纪，在我国加入世界贸易组织之后，由于我国的名牌企业与洋品牌相比，在技术、资金、管理等方面还有一定的差距，外国产品开始进入中国市场，从而对我国的企业造成了巨大危机，所以，孤军奋战是很难抵抗外来进攻的。

从另一角度讲，国内很多行业目前还处于成长期，有着极大的市场空间，产品技术参差不齐，行业规范差，法律建设、协会等由于体制问题难以切实制约，急需行业领军企业进行行业清理。

因此，我们应该向狼群学习，学习它们不断实践的精神。强强联合固然有一些弊端，但是它对于我们目前单个企业能力有限的现状来说利大于弊，因为联盟可以扩大企业规模，提高企业研发能力，而提高产品的质量，对企业来说是一大机遇。所以，我们应该向狼学习如何在实践中做好强强联盟。

☆百度AI时代的合作之路

2018年6月28日，国内互联网和通信业的两大巨头百度和联通在2018年世界移动大会上宣布将共同发起“5G+AI联合实验室”，并在这一天正式揭牌。这也就意味着，从这一天开始，这两家巨无霸将会在即将到来的人工智能时代中充分发挥各自的技术和网络优势，竭尽全力共同打造立足于5G、车联网和AI等方面的创新产品。其实百度和联通在这些领域早就已经形成了合作关系。这次宣布成立共同的实验室不过是这种合作的进一步深化而已。通过这个“5G+AI联合实验室”，它们可以依托双方各自的优势，在车联网、人工智能、5G切片、边缘计算、翻译、语音、地图、大数据等各个方面的合作将会越来越深化，通过优势互补，它们还可以在技术、产品、服务、品牌等方面发挥出超出任何一方的巨大优势。

作为AI领域的领军企业，百度在人工智能技术方面具有明显的优势，他们的人工智能构架体系也处在业内最前沿的位置——拥有语音、自然语言处理、视频增强现实、机器人视觉等100多项人工智能的技术掌控能力，并已经向各界的开发者和合作伙伴开放；还拥有提供AI场景和解决方案的能力。但是这并不意味着它在AI领域就能够独霸天下了，中国联通作为国际领先的宽带通信和信息服务提供商，在5G技术研发和基础建设方面有着其他企业所不可比拟的优势。这也是百度在未来的人工智能时代所欠缺的地方。这也是双方能够深度合作的事实基础。百度和联通的联合就相当于是AI和5G的互补，联通在5G带宽和基础设置上为百度的AI提供了一个能够满足自己的网络环境，而百度的AI技术让联通的5G网络变得更加智能。用百度总裁张亚琴的话说就是："3G催生移动互联，4G把视频变成主流，5G不仅是基础设施，还将成为AI催化剂。"

百度和联通的高层也对这次合作寄予深厚的期望。对于这次合作，百度系统部副总监刘宁表示：作为百度未来工作的重中之重，人工智能在未来需要极大地倚重基础设施的部署，而这恰恰是中国联通所具备的先天优势，而这却能够跟百度目前的优势形成互补。也正是基于这样的现实，百度才和联通一起发起了这个"5G+AI联合实验室"，就是希望借此能够做到让5G和AI技术快速落地，然后推动产业的升级，进而激发全新的商业模式，为双方的企业重新赋能。

合作刚刚建立，他们就已经围绕着5G网络进行了一系列相关的实验，并取得了不错的效果。但是这并不是百度在AI时代合作之路的全部。就在百度和中国联通宣布共同建立“5G+AI实验室”之后不久，2018年9月25日百度与Intel共同发起的“5G+AI边缘计算联合实验室”也正式揭牌成立，目的就在于加速国内边缘计算（MEC）技术的研发。相对而言，百度和联通的合作侧重点在于AI技术和5G网络的融合，主要集中在对5GMEC和5G的切片等典型场景，加快5G各种新应用的研发和商业化进程，明确MEC边缘节点和部署方式、部署形态和分布方式。而百度和Intel的合作则更加侧重于5G在边缘计算场景的落地。可以说侧重各有不同。

那么为什么百度在AI的合作之路上会选择这样一种既跟联通合作又跟Intel合作的方式呢？这正是一个卓越的企业家在实施强强合作时的高明之处。持这种理念的还不只是李彦宏和他的百度，国内的另一位通信业巨头——华为的创始人任正非在合作上所秉承的也是这种理念。用任正非的表述就是“开放式合作”，简单说就是合作但不结盟。这样一来既能够让合作的双方联合在一起，发挥各自的优势，起到1+1＞2的效果，又不会因为目标和团队文化的不统一而形成不必要的内耗，落入“三人成虫”的魔咒怪圈。用实际行动来践行这一理念的企业还不只是百度和华为，从国内看来，吉利和长安在新能源车上所实行的也是只合作不结盟。在国外来看，日本的本田和日立在电动车领域的合作关系也是一种不结盟的合作。这真说得上是殊途同归了，它们所践行的理念都是一样的。

成就企业需要的狼团队

对于“一人成龙，三人成虫”的现象，我们总是看到它的灰暗前景，但是通过“百度AI合作”的案例，我们还会看到希望。

我们应该善于总结，对这个现象进行改进，提出可靠建议。

为此，我们该向“百度AI合作”的精神学习，向狼群学习，组建具有狼性特征、可持续发展的优秀团队。

在我们的企业管理过程中，各行各业需要的团队类型各不相同，每一种团队都有其内在的优、缺点。

企业究竟需要哪几种类型的团队呢？这些团队又具备哪些优、缺点呢？

☆企业发展需要学习型团队

企业的发展，无一可以离开“学习型”团队。

汪中求先生在他的《细节决定成败》一书中写道：在创业过程中，“第一代老板靠胆子，第二代老板靠路子，第三代老板靠票子，第四代老板靠脑子”。

进入21世纪后，随着科技进步和知识更新速度的加快，团队管理者一定要不断学习，更新自己的知识，才能适应日趋激烈的竞争；作为员工，也要不断学习，只有使自己成为“学习型员工”，才能适应企业发展的需要。

有个观点被越来越多的企业所接受，这就是：“培训是最大的福利。”许多企业不惜重金为员工安排培训计划，使员工接受新观念，充实新知识。

善于学习的团队一定是最后的胜利者。

团队学习的过程，就是团队成员思想不断碰撞的过程。

团队的学习力大于个人的学习力，团队在进行系统学习后，团队智商就会大大高于每个成员的智商，整体大于部分之和。

英国的乡村曾有一套牛奶配送系统，将牛奶送到顾客家门口。

牛奶瓶没有盖子，山雀与知更鸟常常毫不费力，便在顾客开门收取牛奶前，先一步享用；后来，随着厂商加装了铝制瓶盖，山雀与知更鸟便不再拥有这份“免费早餐”；但后来，当地的山雀居然学会了刺穿铝制瓶盖，重开“免费早餐”的大门。

而知更鸟，却只有少数学会，始终没有扩散到大多数。很明显，山雀经历了组织学习的过程，借助个体的创新技能，传送给群体成员，成功增强了族群对环境的适应能力。

为什么山雀可以，而知更鸟却不能呢？

生物学家发现，山雀在年幼时期，就已习惯和同类和平相处，甚至编队飞行。

而知更鸟则是排他性较强的鸟类，势力范围内是不允许其他雄鸟进入的，同类之间基本上是以敌对方式沟通。因此，虽然两者同属鸟类，但和谐相处的山雀，比起互相敌视的知更鸟，更能学习互助，进化程度更高。

由此可见，要成为学习型组织，先决条件是必须有和谐的内部气氛，组织内的成员才能互相分享知识。有些企业的管理者误认为内部竞争越强越好，甚至刻意制造很强的竞争文化，自以为这是高明的管理手段，殊不知只是在带领企业步知更鸟的后尘！

我们要创立的是一个真正的学习型组织，去适应环境发展带动企业发展。

☆协作型团队的目的是发挥优势和各取其长

协作型团队最好的状态和效能就是发挥优势，取长补短，也就是“1+1＞2”。

上帝为了检验人们之间是否具备团结协作、互帮互助的意识，做了一个实验。他把人类分为两批，在每批人的面前都放了一大堆可口美味的食物，但是，却给每个人发了一双细长的筷子，要求他们在规定的时间内，把桌上的食物全部吃完，并不许有任何的浪费。

第一批人各自为政，只顾拼命用筷子夹取食物往自己的嘴里送，但因筷子太长，总是无法够到自己的嘴，而且因为你争我抢，造成了食物的极大浪费。上帝摇了摇头，感到失望。

第二批人开始了，他们并没有急着用筷子往自己的嘴里送食物，而是大家一起围坐成一个圆圈，先用自己的筷子夹取食物送到坐在自己对面人的嘴里，然后，由坐在自己对面的人用筷子夹取食物送到自己的嘴里。就这样，人们在规定时间内吃掉了整桌食物，而且丝毫没有造成浪费。上帝点点头，感受到了希望。

如果我们自己的团队成员都不能互相帮助，我们的企业如何能有竞争力呢？

有句老话，帮人即帮己，利人又利己。德国企业及社会非常重视一个人的“人品管理”——一个经常帮助别人的人更有团队精神，也更爱公司。

现代企业的竞争就是团队间的竞争，就是团队协作能力的竞争。精诚合作的团队精神是企业成功的保证。2004年以来，随着《狼图腾》一书的畅销，“狼性文化”大行其道，备受企业推崇。

“狼性文化”体现了“敏锐的嗅觉，不屈不挠、奋不顾身的进攻精神，协同作战的团队精神”。一旦攻击目标确定，头狼发号施令，群狼就各就各位，嗥叫之声此起彼伏，互为呼应，有序而不乱。

“狼性文化”得到大力推崇不是一种偶然的现象，而是一种必然。

现今社会，单打独斗的时代已经过去，合作变得越来越重要，例如，在诺贝尔奖获奖项目中，因协作获奖的占2/3以上；在诺贝尔奖设立的前25年，合作奖占41%，而现在则跃升至80%。

在竞争激烈的经济领域，合作更为重要，参与竞争的企业就是合作的表现形式。但合作并不一定产生“1+1＞2”的效果，只有有效的合作才能带来“1+1＞2”的效果。

如何进行有效合作，形成一种团队精神，以达到整体效益大于部分之和的效果，是每一个企业的重要任务。

所以，打造一支“协作型团队”无疑是企业实现目标最有力的保障。

☆创新型团队才能创造奇迹

社会已进入创新时代，企业要想长盛不衰，就必须在各个方面进行创新。所以，现代社会竞争要求一个团队也必须是一个创新型团队。

团队管理者个人搞点创新、搞点发明创造并不难，难的是建立一个创新型团队。爱迪生一生搞了1000多项发明，而现在随着人的知识更新速度的加快，一项创新，一项成果，很多时候已经不是一个人的力量可以完成的了，而是一个团队合作才能取得的成绩。

海尔已成为中国企业的一面旗帜，那么，成功的原因是什么呢？

海尔成功的原因之一就是它的创新精神。海尔累计获得国家科技进步奖14项，获奖总数占中国家电行业的60%以上。2017年获得家电史上首个科技进步一等奖。

海尔这么多的创新，绝不是几个工程师能完成的，而在于他们有一个创新型团队，鼓励人人创新。

海尔的工人一年必须提10条合理化建议，只要被采纳了7条，就可以从“合格员工”升为“优秀员工”。在海尔内部，不但许多新员工能够提出合理化建议，甚至许多老工人一年都可以提出十几项合理化建议，这就是海尔创新型团队的力量。

我们的企业要想实现跳跃式发展，就必须站在巨人的肩膀上，我们不但要学习日本人的团队精神、德国人的严谨态度，还应学习美国人的创新精神。

在一次酒会上，有7个人，美国人、俄国人、英国人、法国人、德国人、意大利人、中国人，每个人都要宣传自己国家有什么好酒。

中国人把茅台拿出来了，酒盖一启，香气扑鼻。

俄国人拿出了伏特加。

英国人拿出了威士忌。

法国人拿出了XO。

德国人拿出了黑啤酒。

意大利人拿出了红葡萄酒。

到了美国人这里，他找了个空杯子，把茅台等几种酒都倒了一点，晃了晃，什么酒？

鸡尾酒。

这就是创造。

创新往往借助的不是自身的东西，只不过把别人的东西拿来，把好的东西综合起来而已。

因此，创新最重要的是观念创新。

如果我们的团队都有了创新意识，我们的企业一定可以赶超欧美、日本等先进企业。落后就要挨打，这是我们每一个国人的深刻体会，要想不挨打，就要不断创新，我们的企业也一样，要学习欧美、日本等先进企业的创新精神，不断更新自己的产品和服务。

☆竞争型团队才能生存下去

在激烈的市场竞争条件下，我们必须把竞争意识渗透到团队建设之中，建设一个竞争型团队，才能生存下去。

从市场环境来看，团队必须具有竞争意识，敢于正视自己，敢于面对强手。

联想集团面对戴尔、惠普等强劲的竞争对手，提出了“打造虎狼之师”的口号。联想的所有员工都曾收到了一封信——“狼性的呼唤”，这是杨元庆企望激活联想文化、塑造团队精神所做的努力。

这些年戴尔的攻势咄咄逼人。戴尔电脑公司人均产出已经相当于800多万元人民币，而联想的人均产出只有300万元人民币。联想集团要有优胜劣汰的心理准备，因为在市场竞争中只有对手，没有朋友；只有尊重，没有友谊。

联想知道，只有背水一战，方能取得胜利。

杨元庆作为联想的最高领导者也懂得联想要想做大做强别无选择，只有鼓舞士气，再现当年PC市场攻城略地的霸气。

他说：“要战胜比自己强大的竞争对手，我们的自身条件将会更残酷，如果我们每一个细胞、每一个个体都不具有竞争力，那这个企业会有竞争力去抗争吗？”

因此，从企业内部来讲，团队的成员也要有竞争意识。

提倡竞争型团队有两个目的：

一个是自身提高水平和技能的需要，另一个是完成团队目标的需要。

要做到这一点，需要一种制度来保障。

海尔集团的“市场链制度”是一个激励成员不断进取的好制度，这一具有世界创新意义的制度给海尔的成功带来了深远的影响。

在建立内部竞争机制的时候，海尔注意成员相互之间是竞争，而不是斗争，这种竞争是建立在理性的基础上。

在团队建设中，海尔提倡协作是团队的核心，但这并不意味着是一潭死水，没有争论。我们应该有争论，用争论来激活团队气氛，激发成员的竞争意识。

作为海尔的最高领导者，张瑞敏深知只有矛盾才能激发争论，而争论总是有益的，没有争论的团队就不正常了。

当然，我们还必须知道如何适时地结束争论。争论只是激发创造力的一种重要手段，用有情的鼓励和无情的鞭策，让团队的每一个人都能以积极心态工作在最合适的岗位上，实现自我，超越自我，最大限度地发挥团队的威力。

面对竞争没有第二条路好走，只有努力去适应竞争的市场环境，打造具有竞争意识的团队，企业才能生存下去。

因此，我们在建立团队的过程中，要注重团队竞争力的建设。

07

战术——团队生存的制胜方略

狼群在围猎时，有严格的战术和作战纪律。

在捕猎时，它们会在猎物放松警惕的时候，杀对手个措手不及；每头狼都有自己的任务，任何狼都不能擅离职守；有经验的狼要做先锋，去骚扰猎物；跑得快的狼负责围追或者到前面堵截；强壮的狼去猎杀强壮的猎物；弱小的狼去猎杀相对弱小的猎物。

狼群很少发生内讧、相互拆台的事，每头狼都相互忠诚并忠于相互组成的狼群。

中国入世以后，市场逐渐发生转变，一方面，国内市场竞争更趋激烈；另一方面，国际企业纷纷进入本土市场，国内的竞争转换成了国际竞争。

这种市场环境的变化要求中国企业持续不断地变更市场策略，运用战略来匹配市场机会和企业内部资源，运用战略来赢得竞争的胜利，指导企业创新从而获得市场认可。

而在现实中，我国的许多企业能做到这几点的很少，因为很少有企业能够将群狼制胜战略当作一种艺术引进企业的战略管理中，即便有些企业认识到了要进行战略管理，实施效果也不怎么理想，或者说根本还不知道如何实施，不知道如何正确地运用策略来促进企业的发展。

更有甚者，有些企业根本没有制定过战略规划，没有形成系统的行业预测及发展前景、发展方向分析，这种现象使得我国企业持续发展速度没有保障，发展目标也不明确。

在这一章中，我们就重点看看如何将群狼战术的组织策略用在我们的企业管理和团队建设上，并且使这种策略为企业带来出其不意的制胜效果。

团队战术的组织策略

惊呼“狼来了”于事无补，学到狼的战术，与狼共舞才是上策。

狼是如何作战的呢？它们是如何实现狼群目标的？在组织和团队的战略目标确定之后，管理者如何实现目标？用何种战术实现目标？

实现目标的方法，各种各样，但流行于业界的无非是包产到户式的目标管理和绩效考核以及罗马军团式严密的过程控制两种方法。

前者由于目标分解量化和绩效测评的技术困难，期望依靠“成果导向”而忽视执行过程的偏向以及奖励个人绩效对团队精神的冲击等负面因素，使其实际应用效果备受质疑。

后者由于市场多变，多品种、小批量，以至大规模定制方式的产生，使得相对固定、严密控制的“作战阵列”无法保持，变得无所适从。

人们突然发现，如何实现组织目标成了令人困惑的问题。

于是，狼群战术自然而然地成了人们关注的热点。

为了实现团队目标，人们先是从过程控制走向成果管理；接着，又不得不从成果管理走向过程管理，这是一种犹如狼群狩猎式的战术。这种战术使得企业在实现团队目标的过程管理，不再是简单的过程监督和控制，而是一个四环节的有机管理过程：有序化—目的化—自动化—合理化。

有序化：有序作战，力量团队

当狼群面对狩猎目标时，头狼一般会把成员分成两个分队，一队负责围堵驱赶猎物，另一队负责捕杀，两小队都需要有勇猛智慧的领头狼来担任队长。

总之，确定了头狼和服从于领头狼的团队，形成狼群一样的结构，狼群一样的秩序，它就有了完成捕获猎物的组织功能和实现目标的利器。

因此，为了实现组织目标，领导者的首要任务就是调整出适合实现目标组织的结构，选择出能够胜任各部门任务的领导骨干；其次，领导者与各部门的领导骨干构成一个团队，一个有能力达成任务的团队；再次，各个部门也形成这样的团队；最后，团队间的相互关系调整好，最终形成一个有序的组织结构。

一言以蔽之，就是组建可怕的狼群组织，然后对组织秩序进行有针对性的调整，形成具体目标的组织基础，做到了这三点，也就形成了适于捕猎的狼群。

正如刘邦为完成统一天下的历史任务，必先拜韩信为大将，用萧何为丞相，尊张良为军师，把达成目标所要使用的人才安顿好，整理出一个适宜的组织结构、一种有用的秩序来。

依托于这个领导团队和相应组织结构的高功能，刘邦才可能完成统一天下的战略目标。

又如汉武帝反击匈奴之战，为了能够达到消除北方边患的目的，根据匈奴作战特点，重用青年将领卫青、霍去病，大量组建骑兵；任用张骞等人开展外交，并和军事战略密切配合，以孤立匈奴；重用桑弘羊等经济人才，实施战时经济体制，保障对匈奴作战的后勤供应；听从董仲舒的建议，设立太学，培养文官，统一吏治。

有了这些对组织秩序的针对性调整，才有日后对匈奴作战的重大胜利。

再如麦当劳公司的领导者克罗克为达成创建速食公司的目标，也是费尽周折，搜罗了一群出众的人才作为创建麦当劳速食公司的基础。

在克罗克创业困难的时候，正是桑那本、马丁诺、透纳、史恩勒和康利等一群各具专门才能的人闯进了克罗克的麦当劳世界和他共建事业，经过反复调整，建成了所谓的克罗克“铁三角”式的组织秩序，麦当劳才有了今日的辉煌。

目的化：专注目标，狼群出击

适用的组织秩序构成之后，领导者还必须促使领导团队的每一分子、组织的各个部分，明确各自的突击方向和具体目的，然后把他们之间努力协调起来。比如，狼群的一个分队必须先负责将猎物驱赶入另一队捕杀猎物的地区，另一分队必须负责及时、准确地捕杀猎物。

任务明确，目的明确，配合协同方式明确，最后狼群才能完成目标。

这个过程，并不等同于所谓的目标分解，它不仅仅是将尽可能数量化的目标层层分解，直到个人，然后据此考核其结果，还将结果与报酬挂钩。这种目的化，是一个动态的规划、指挥、协调的过程，是一种聚焦于组织总目标的过程，而不是包产到户式的硬性分派工作指标，预设考核标准、报酬标准的管理作业。

在这个过程中，部门、个人追求的是出色完成各自的角色任务，促成组织整体目标。组织成员从共同实现目标的过程中获得事业心的满足和水涨船高式的利益满足，而不是死守各自的分目标，猎取各自利益。

这与目标管理和绩效考核不同，直接追求的不是完成各自预定的目标，从而获得各自利益，也不是“只问结果，不问过程”的自生自灭式松散管理。

领导者关注的重点是实现总目标的整个过程，在于调动组织的整体力量支持各个部门完成任务以及个人完成各自的角色任务，并以达成整体目标为唯一目的，并非仅仅以个人绩效考核来胁迫下属拼命工作。

与过去的过程控制不同，以前关注的是对过程的消极监督和控制，现今的过程管理，关注的是过程中对下属的支持、创造完成任务的环境条件以及整体协调，积极促进组织成员完成角色任务，为实现组织目标做出贡献。

刘邦为达成统一天下的总目标，调动整体力量，支持韩信征战，萧何理财，张良谋划，协调发展，而不是给韩信分派杀敌几个，萧何敛财若干，张良出谋几个的分解“目标”，年年进行“绩效考核”，以确定每人的奖金数和年薪数。

显而易见，韩信杀敌如麻，萧何敛财如山，张良出谋如海，这些分目标达到甚至超额达标了，刘邦未必就能统一天下，有时反而会适得其反。

又如，有记者问思科公司首席执行官兼总裁约翰：“你在管理上最擅长的是什么？”

约翰回答说：“我最擅长三个方面，一是聚焦在客户，二是努力想办法吸引有才干的人，三是像培训自己一样来培训自己的员工。”

服务目标顾客是公司的最高目标，聚焦在客户，就是一种专注目标的有效方式。

自动化：自动自觉，配合默契

游戏玩家有一个说法：“不计分的游戏没人玩！”

也就是说，玩对了，做好了，按游戏规则，会马上给分。这种立即加分以资鼓励的方法是一种及时的激励。有了及时的激励，玩的人才会越玩越起劲。如果不加分，或者不及时加分，到了年底才来一次目标总盘点、绩效总考核，算总账，黄花菜都凉了，这游戏早就没人玩了。

同样道理，人们在追求达成目标的过程中，如果不及时用各种形式加以激励，只能取得不尽如人意的效果。

有人说，目标管理和绩效考核理论上说是用所谓的“目标激励”促进员工各自奋战的战斗激情，其实不然，所谓的目标激励，就像游戏不及时加分，等到日后才算总账，一起进行麻烦又不切实际的绩效考核一样，是一种与报酬挂钩的激励方式。

那么，这种游戏除了烦躁的不满、不公的愤怒之外还能有实际的激励作用吗？

看来，人们不想和领导者一起玩这种目标管理和绩效考核游戏是可以理解的。

在自我实现的事业心鼓动下，员工才有可能奋起完成各自的角色任务，在完成每个哪怕是微小的角色任务时，及时受到上司、同事和组织的鼓励，人们也会越玩越起劲。

这就是我们希望的进入自动化，完成各自角色任务的理想状态。

狼群在集体捕猎中所表现的配合默契、自动自觉，实现狼群生存方式的极大竞争力比独自为战、勇猛无比的老虎具有更强的生存竞争能力。

这里的关键点有两个：

一是人们有能力完成各自的角色任务；

二是各层领导者懂得如何及时激励员工，组织具备激励机制。

上级领导者需要做好的事情有两个：

其一，及时教导、培养下属完成各自角色任务的本事；

其二，及时教导、培养下一层领导者并鼓动其事业心和及时用适当的方式进行激励的本事。

没有玩游戏和维持游戏规则的两种本事，这游戏仍然玩不下去。

因此，作为领导者，不要说什么“我只问结果，不管过程”。不管过程的自动化，您的结果就要泡汤！到时可不要说是“员工素质太低”，将责任推得一干二净。

思科公司的首席执行官兼总裁约翰·钱伯斯不但努力想办法吸引有才干的人，而且像培训自己一样培训他们，使他们能够与自己配合默契，协同努力来实现目标。

汉武帝也不是只问结果，而不管征战具体过程的领导者，他不仅亲自指挥对匈奴的反击战，组织后勤支持，而且及时奖赏有功将领。卫青首次出征，英勇善战，直捣匈奴祭扫天地祖先的龙城取得胜利，汉武帝立即加封其为关内侯；霍去病以800骁骑斩杀匈奴兵2000多人，出奇制胜，勇冠全军，汉武帝立即以2500户封霍去病为冠军侯；霍去病多次大获全胜，汉武帝又多次下令增封霍去病，及时进行激励，推进反击匈奴的作战过程。

☆合理化获取经验、完善战术

在人们自动完成各自的角色任务时，总是本着一切为实现组织总目标的精神，一起协同努力，从而使组织目标终于达成。在达成组织目标的过程中，领导者和员工都会发现，本领和战术很有用，但有时由于相互配合不佳，令人遗憾。有用的、成功的就是合理的，没用的、不成功的就是不合理的。当一个目标达成，下一个目标出现时，人们总希望做得更好，因而达成目标的方法需要合理化，去除不合理的，发扬合理的。

这个过程要求领导者尽职尽责。

其一，在达成目标的每一个阶段，都需要与下属沟通，发现合理因素，加以鼓励、奖励、扩展；发现不合理因素，加以阻止、惩罚、消除。通过必要的奖惩促成好的行为习惯，阻止不好的行为习惯。

其二，在达成组织目标的终结阶段，领导者要具有前瞻性，为实现下一个组织目标而完善组织结构和工作模式。为此，需要组织专家和大众进行评价，并参考评价做出决策，调整组织结构和工作模式。

其三，领导需要发现各层领导者和员工在达成组织目标过程中所表现出的能力、潜力以及各自的能力倾向和特殊本领，以便在下一轮有序化中更合理地发挥这些人力资源的作用。但要记住，评价并不是一味为了确定薪酬或职位晋升，而是要据以进行组织结构和工作模式的合理化。

人员的薪酬和晋升，除了要根据本人可用的能力、本事和发展潜能以外，还要根据市场同类人员的稀缺性以及团队角色对人员能力倾向的要求，并结合考核的绩效高低来制定。

如果以投入的球数决定篮球队队员工资的高低和队长的人选，一个篮球队就会分裂成许多只有一个人的小“球队”，队员会自己互相抢球，各自行动，而不愿互相配合，篮球赛也就要改成乒乓球单打了。

当今中国，乒乓球雄霸天下，篮球、足球还需迎头赶上，奥妙何在？相信我们已经一目了然了。

其理相通，管理的规则如果不合理，必然影响组织成员的行为，影响成员的最终绩效。因此，合理化的组织结构和工作模式的完善直接影响着组织生存能力、竞争力的提高。

要提醒大家特别注意的是，实用价值评价和绩效考核不是一回事。前者有助于实现组织结构和工作模式的合理化，改善组织自身达成目标的功能；而后者则相反，有碍于组织结构和工作模式的改善，并可能破坏组织本身达成目标的功能。

前者针对整个组织和领导者进行评价，是一种方式行为，后者针对下属进行考核，是一种对下属施加压力的行为；前者采用专家评价、工作晤谈、合理化建议的形式进行，后者以上司检查下属的工作，组织考评的方式进行。

麦当劳为维持各分店服务质量的高度一致性，很好地采用了评价手段，组织专门人员对各分店进行规范化评价，有效保持了各分店服务质量的一致性，改善了整个企业的服务功能。

评价通过客观评估人和有效的评估方法来实现评价的实用价值，并据此将合适人才安置于适合的职位上，采用行之有效的实用方法来达成目标。

比如，对韩信担任将帅的能力评价，使刘邦拜韩信为元帅；对诸葛亮参谋能力的评价，让刘备拜诸葛亮为军师等，这都极大地改善了组织功能。

绩效考核测评、估算各员工工作累积数量，并据以将考核结果好的下属晋升到较高职位上，同时给予相应的高报酬。

这有点像按杀敌斩首数封官，如果让管理能力不佳的“有功之士”从事管理工作，就会极大削弱组织的管理能力，破坏组织功能。

对此，韩非子指出：“商君之法曰：‘斩一首者爵一级，欲为官者为五十石之官。斩两首者爵两级，欲为官者为百石之官。’官爵之迁与斩首之功相称也。今有法曰：‘斩首者令为医匠。’则屋不成而病不已。夫匠者手巧也，而医者齐药也，而以斩首之功为之，则不当其能。今治官者智能也，今斩首者勇力之所加也。以勇力之所加，而治智能之官，是以斩首之功为医匠也。”（《韩非子·定法》）

在秦帝国短短15年的统治中，这种以军功封官的制度，造成了吏治混乱的局面，加速了秦帝国的崩溃。

如果组织仅仅以绩效考核的结果为依据提拔用人，也会造成能力与职位不相称的混乱局面，破坏合理化过程。以绩效计，韩信无绩效，不可晋升为元帅，不可给高薪酬；以绩效计，诸葛亮也无绩效，不可任军师，不可给高薪酬。

这样的话，刘邦无法改善自己的组织功能，刘备也无法改善自己的组织功能，大功何以告成？

以此推之，生产企业中处于生产第一线的操作工，他们直接产生绩效，若以绩效论升迁和薪资，不久之后，他们的职位最高、薪资最丰；而总经理从不直接产生绩效，当有自知之明，退而让之，以遵守自己订立的规矩——以绩效晋升、以绩效计薪资。

这样的绩效考核悖论，我们是应该坚持还是放弃呢？

可是，这样又会产生另一个令人困惑的问题，自古闻“宰相必起于州郡，猛将必发于卒伍”，为何强调以评价调整组织任用人才，而否定凭绩效考核调整组织任用人才？其实，宰相、猛将的成长得益于他们长期的实践磨炼，并非行伍杀敌斩首数或考核之“政绩”使然，因此，宰相、猛将提拔依据的仍然是对他们在磨炼中所表现出来的特殊能力、才干和发展潜力的评价。

清朝后期，清军屡屡战败的一大原因就在于没有懂得现代战争的将帅。北洋海军的许多军官勇敢有余，却多是行伍出身的陆军将领，难以指挥海战，他们依靠军功被提拔，却不具备海军军官所必需的特殊能力、素质和潜力。

这种不依靠实用价值评价、任用的军官对现代海战一知半解，与完全按西方模式组织和训练的日军对垒，当然就难以取胜了。

可见，过程管理的复归，即有序化—目的化—自动化—合理化的有机管理方式，有助于组织及领导者解决如何实现组织目标的困惑，领导者们不妨试试。

或许人们还会认为，方法虽好，但总不如“我只问结果，不管过程”那样轻松潇洒。对此，我们必须看到，组织目标的达成也有领导者的责任，并非全是下属的原因。如果不管过程，不管执行，到头来纷乱不堪，达不成目标，焦头烂额的还是领导者自己。

常言说：“不入虎穴，焉得虎子？”管过程、执行情况本来就是领导者的责任，不管不行，不下苦功夫，就没有成功的希望。

不下苦功构建狼群般的团队，组织就难有强大的竞争能力，“与狼共舞”就会是一句空话。

团队战略的落地实施

狼很善于谋略，在围捕猎物时经常采用围击、伏击等战术；此外，它们很会把握时机，也很有耐心。这些都是狼群在各种恶劣的自然环境中顽强生存、战无不胜的原因。

团队战略管理在我国的实施现状

我国正处于经济快速变革的快车道时期，市场环境变化很快，企业要应对的变化很多，企业的发展速度也很快。因此，在现实中，有许多企业感到团队战略管理跟不上企业或环境的发展变化，说是“计划赶不上变化”，于是出现了战略无用论的观点。

应该说，团队战略管理就是超越不定性的一种上等管理工具和方法，现实中出现团队战略管理跟不上变化的根本原因不外乎两点。

一是企业应用团队战略管理本身做得不够好，只是简单地应用团队战略管理的基本概念来引导企业发展，缺乏对环境或企业变化的前瞻性，或者是应用团队战略管理出现失误，用静态的观点来制定战略。

二是企业团队本身的柔性不够，无法应对环境变化和企业自身的发展。团队战略管理的应用布置是观念问题，需要企业进行多项变革，如果企业柔性不够，无法适应变革的话，本身就说明团队战略管理应用有足够的空间。

我国企业团队战略管理应用的另一大现象就是团队战略管理的应用内容还很不完整。

改革开放以来，我国企业开始重视战略研究和战略工作，一些有远见的大企业纷纷成立企业研究机构，配备相应的研究力量，增加这方面的投入。但从整体上看，我国企业在团队战略研究和团队战略管理工作方面尚处于起步阶段，与国外企业相比还存在较大差距。许多企业重硬件、轻软件，重经营、轻管理，重眼前、轻长远，重规划、轻实施，对团队战略研究和团队战略管理工作的重视不够。即使已经开展这方面工作的企业，也大都不同程度地存在某些问题，这种状况严重制约着企业经营管理水平的提高和长远发展。

因此，加强团队战略研究和团队战略管理工作，是新形势对我国企业的迫切要求。

☆华为狼文化战略

国内通信业的巨头华为在大众视野中一直都是一个充满狼性的企

业，在企业圈中素以“华为狼”著称。狼在华为内部一直有着一种图腾的位置，打造一支充满狼性的团队也是华为战略的重要组成部分。华为的一位内部员工曾经说过：“华为发展的历史，其实就是一部不断从虎口夺食的历史，他们面对的是老虎，所以每时每刻都不能懈怠。”这种艰难求生的过程要求企业的每位员工时刻要保持一种狼性。把这一战略管理落到实处，在华为就体现为对“奋斗者”的推崇上。在华为“以奋斗者为本”是《华为基本法》当中一个非常重要的部分。

那么在华为，任正非又是如何让这种狼性的战略落地的呢？首先，任正非把“以奋斗者为本”作为公司的核心价值观写进了《华为基本法》当中，奠定了它在战略上永远不可动摇的地位。然后任正非把华为所有的员工分成了三类：第一类是普通劳动者，第二类是普通的奋斗者，第三类是有成效的奋斗者。然后根据这三类不同的员工，任正非明确提出了要与这些“有成效的奋斗者”一起分享公司的利润，因为这些有成效的奋斗者才是公司发展的真正的有生力量。

为了让这些有成效的奋斗者充分发挥自己的作用，任正非特意设计了一套让人眼红不已的跟奋斗者分享利益的激励方案。任正非曾经跟这些人说：“华为员工最大的问题就是钱多得不知道怎么花。你们买房子的时候，客厅可以小一点、卧室可以小一点，但是阳台一定要大一点。还要买一个大耙子，天气好的时候，别忘了经常在阳台上晒钱，否则你的钱就全发霉了。”这话当然有开玩笑的成分在里面，但是华为对那些有成效的奋斗者的激励力度之大，确实让很多企业的员工咋舌。华为给予有成效的奋斗者除了奖金之外还有股权和各种机会，目的就是激发有成效的奋斗者的饥饿感和使命感。在某次提高了员工的饱和配股的上限之后，任正非说了这样的话：“我们这次提高了饱和配股的上限，其目的是让优秀的奋斗者按他们的贡献获得更多的配股机会。这是一个大的战略，我非常担心这个战略落实不好。因为，有使命感、努力贡献的人，不一定是乖孩子，华为的文件过去许多是管乖孩子的。如果这些努力贡献者没有得到利益，这是我们的战略失败。并不是已达上限的一般的贡献者，也要跟风。他们跟了风，获得了不该获得的配股，或者升职快了些，也是我们的战略失败。我担心有些优秀的贡献者由于我们这次的排他条件及其他东西使他们失去增股的机会。”

由此不难看出，为了激发这些员工的狼性，打造一支充满狼性的团队，任正非一直在想尽一切办法保证这些员工的应得利益。但这还不是任正非实施这一战略的全部方法，除了最大限度保证有成效的奋斗者的利益，以激发他们的饥饿感和使命感之外，任正非还采用了一些方法来激发他们的危机感。

在华为，那些有成效的奋斗者确实可以获得令人眼馋的待遇。但是有成效的奋斗者在华为内部并不是一个固化的团体或者阶层，华为会根据个人在每一阶段的表现随时做出调整。华为对于那些成为有成效的奋斗者的奖励力度是令人咋舌的，同时对那些跌出这个行列的员工的惩处力度也令人胆寒。其目的就是激发他们的危机感，使他们永远不敢懈怠。在华为，任正非主张干部能上能下一定要成为永恒的制度，干部只能升不能降是非常危险的事情。不管你是谁，也不管是做到了什么级别，在华为，只要你失去了奋斗者的本色，你就会随时面对被淘汰的危险。当华为发展到一定规模之后，那些曾经的奋斗者也曾经懈怠过。在某一时期华为内部滋生了一种“工号文化”，因为华为的工号是跟入职前后和级别有关的。比如，任正非原来的工号就是1号。由此不难看出，这种“工号文化”其实就是一种功臣意识和惰性，这种意识对于奋斗者的狼性绝对是一种腐蚀和毒害。

面对这些已经懈怠的曾经的奋斗者，任正非也是毫不犹豫地采取集体辞职，并带头提出辞职退休申请，后来经过董事会的一再挽留才又重聘返岗。截至2014年，在华为出现过两个特有的现象，第一就是在华为15万名员工当中，有8万多名员工持有公司的股份。这是全球未上市的公司当中股权最为分散，员工持股人数最多，股权结构最大的一家公司。有人称这是人类商业史上从未有过的奇迹。第二就是，华为要求凡是工作到一定年限的员工都要主动辞职，重新聘用返岗。这在全球的公司当中也是绝无仅有的。而任正非这么做的目的无非就是实现打造一支狼性团队，带领一批永不懈怠的奋斗者的战略管理目标。

☆像群狼一样进行战略实施

进行好的团队战略规划不是我们的最终目的。

将这种团队战略和政策付诸行动，才是真正有效的，否则就是纸上谈兵。

团队的战略模式有很多种，每种特征和适用情况不尽相同，也都有各自的优、缺点，企业需要做的就是了解这些优、缺点并加以合理应用，以最少的资源获得最大的效益。

☆**指挥型**

这种模式下的企业团队主要考虑的是如何制定一个最佳战略的问题。

在实践中，计划人员要向企业高层提交团队战略实施的报告，通常是由企业高层做出最后决定，确定战略之后，逐级向下宣布企业战略，然后强制下层管理人员执行。

这种模式要有以下约束条件。

第一，企业高层，特别是总经理要有较高的权威，靠其权威通过发布各种指令来推动战略实施。

第二，本模式只能在战略比较容易实施的条件下运用，这就要求战略制定者与战略执行者目标一致，战略对企业现行运作系统不会构成威胁。

第三，此种模式下的企业组织结构一般都是高度集权制的体制，企业环境稳定，能够集中大量的信息，多种经营程度较低，企业处于强有力的竞争地位，资源较为宽裕。

第四，本模式要有较为客观的计划人员。因为在权力分散的企业中，各业务单位常常因为强调自身利益而影响了企业总团队战略的合理性，因此，企业需要配备一定数量的、有全局眼光的计划人员来协调各业务单位的计划，使其更加符合企业的总体要求。

这种团队战略模式的缺点是把战略制定者与执行者分开，即高层管理者制定战略，强制下层管理者执行战略。然而，下层管理者由于缺少执行战略的动力和创造精神，有时可能会拒绝执行战略。

因此，我们在实施团队战略模式的时候要注意扬长避短，使团队战略模式达到最优化。

☆变革型

这种模式下的企业团队考虑的是如何实施企业战略。在团队战略实施中，需要对企业进行一系列的变革，如建立新的组织结构、新的信息系统，变更人事，甚至是兼并或合并经营范围，采用激励手段和控制系统促进战略的实施。

为进一步增强战略成功的机会，企业团队领导者往往采用以下三种方法。

第一种，利用新的组织结构和参谋人员向全体员工传递新战略，并优先考虑团队战略的重点是什么，把企业的注意力集中于战略重点领域。

第二种，建立战略规划系统、效益评价系统，采用各项激励政策以支持团队战略的实施。

第三种，充分调动企业内部人员的积极性，争取绝大多数人对战略的支持，以此保证企业战略的成功实施。

变革型团队战略管理模式在许多企业中比指挥型模式更加有效，但这种模式并没有解决指挥型模式存在的一些不足。

从长远观点来看，环境具有不确定性的企业，应该避免采用不利于团队战略灵活性的措施。

☆合作型

合作型团队战略实施模式下的企业高层或总经理考虑的是如何让其他管理人员从团队战略实施一开始就承担有关团队战略责任。

为发挥集体的智慧，企业高层或总经理要和其他管理人员一起对企业战略问题进行充分讨论，形成较为一致的意见，制定出战略，再进一步落实和贯彻战略，使每个管理者都能够在战略制定及实施的过程中做出各自的贡献。

协调管理人员的形式多种多样，如有的企业成立由各职能部门领导参加的“战略研究小组”，专门收集战略问题上的不同观点，并进行研究分析，在统一认识的基础上制定出战略实施的具体措施。

合作型团队模式避免了指挥型模式和变革型模式存在的两大局限性，有利于企业高层或总经理接近一线人员，获得比较准确的信息；同时，由于战略制定是建立在集体考虑的基础上的，从而提高了战略实施成功的可能性。

该团队模式的缺点是这种由对战略持不同观点、不同目的的参与者相互协商的产物，有可能会使团队战略的经济合理性有所降低，不能充分调动全体管理人员的智慧和积极性。

☆文化型

这种团队模式下的企业高层或总经理考虑的是如何动员全体员工都参与团队战略实施活动，即运用企业文化手段，不断向企业全体成员灌输战略思想，建立共同的价值观和行为准则，使所有成员在共同的文化基础上参与团队战略的实施活动。

由于这种模式打破了战略制定者与执行者的界限，力图使每一个员工都参与团队战略制定和实施，使企业各部分人员都在共同的团队战略目标下工作，使团队战略避开冒险的成分，且具有迅速、风险小的特点，所以能够使企业发展迅速。

但是，文化型团队模式也有局限性，表现为以下几个方面。

首先，这种团队模式是建立在企业员工都具有相当学识的基础上的，但在实践中员工很难达到这种学识程度，受文化程度及素质的限制，一般员工（尤其是在劳动密集型企业中的员工）对企业团队战略制定的参与程度会受到限制。

其次，极为强烈的企业文化，可能会掩饰企业中存在的某些问题，企业会为此付出代价。

最后，采用这种团队模式要耗费较多的人力和时间，而且还可能因为企业高层不愿意授权而使员工参与战略制定和实施流于形式。

☆**增长型**

这种团队模式下，企业高层或总经理考虑的是如何激励下层管理人员制定和实施团队战略的积极性和主动性，为企业效益的增长而奋斗，即企业高层或总经理要认真对待下层管理人员提出的一切有利于企业发展的方案，只要方案基本可行，符合企业团队战略发展方向，在与管理人员探讨解决方案中具体问题的措施以后，应及时批准这些方案，以鼓励员工的首创精神。

采用这种团队模式，企业团队战略不是自上而下地推行，而是自下而上地产生，因此，企业高层或总经理应该具有以下认识。

第一，企业高层或总经理不可能控制所有的重大机会和威胁，有必要给下层管理人员以宽松的环境，激励他们从事有利于企业发展的经营决策。

第二，企业高层或总经理的权力是有限的，不可能在任何方面都把自己的意愿强加于组织成员。

第三，企业高层或总经理只有在充分调动及发挥下层管理者积极性的情况下，才能正确制定和实施团队战略，一个稍微逊色但能够得到人们广泛支持的战略，要比那种“最佳”的却根本得不到人们热心支持的战略有价值得多。

第四，企业团队战略是集体智慧的结晶，靠个人很难制定正确的团队战略，因此，企业高层或总经理应该坚持发挥集体智慧的作用，并努力减少集体决策中的各种不利因素。

在20世纪60年代以前，企业界认为管理需要绝对的权威，指挥型团队模式是必要的；20世纪60年代，钱德勒的研究结果指出，为了有效地实施战略，需要调整企业组织结构，这样就出现了变革型模式。

合作型、文化型及增长型三种模式出现较晚，但从这三种模式中可以看出，团队战略的实施充满了矛盾和问题，在团队战略实施过程中只有调动各种积极因素，才能使团队战略实施获得成功。

上述五种团队战略实施模式在制定和实施团队战略上的侧重点不同，指挥型和合作型更侧重于战略的制定，而把团队战略实施作为事后行为；文化型及增长型则更多考虑团队战略实施问题。实际上，在企业中，上述五种模式往往是交叉或交错使用的。

08

打造鲜明的团队文化

狼作为个体的特点是韧劲十足，骁勇善斗，当面对像狮子一样的对手时，单凭一只狼的力量往往很难取胜，但如果是狼群的话，狮子则要退避三舍了。

同样，企业要想立于不败之地，也必须依靠团队的力量。

那么，如何才能将不同的个体融为一个团队？融合的关键因素是什么？

就是团队文化。

团队的力量不仅仅是智慧的相加，更是精神的平方。在一个具有良好团队文化的团队中，队员们会有强烈的归属感、一体感，会充满活力与热忱，会始终保持着工作激情和昂扬的斗志，即使是一个素质很差、行为不羁的队员，在团队文化的熏陶下，也会努力学习、积极奋进。

就这一意义而言，对团队领导者来说，建设好团队的文化是一种责任，更是一种战略。

团队风貌，团队文化的核心思想

狼群的团队风貌就是一种团结的精神，有了这种精神，才能获得一次次的成功。企业发展也是如此，有了团队风貌的优秀团队，才能给企业带来无限的生命力。

我们以超市的产品销售为例，谈谈团队风貌的重要性。

销售人员往往比顾客更清楚自己产品的弱点，那么针对这些弱点，销售人员就要团结一致，统一口径，做统一解释，才能抵御外界对本产品的挑剔和攻击。

只有团结一致才能挖掘到自己产品的卖点，继而对其进行分析，做出应对策略，突出自己产品的优点，用产品的优点掩饰那些不具有决定性作用的缺点。这个时候就需要具有团队意识，每一个团队成员统一思想，在统一思想的基础上提出各自的见解，在终端竞争中占据理论优势。

我们所说的团队风貌还包括一种习惯，即养成对产品知识方面内部交流的习惯。

在团队例会上，每名团队成员都应该积极主动地应对团队领导者提出的问题，以一种积极的态度带动其他销售人员。例会上应多模拟顾客和团队成员的交易实况进行现场学习，指出怎么样讲解才会更吸引人，并根据顾客的问题和动作来决定该讲解什么内容以及怎样讲解才能更打动顾客。

同时，有了团队领导的支持，每一个销售人员在卖场竞争品牌面前就能保持高昂的情绪、热情的态度，而不再仅仅是介绍产品的讲解模式，从而让讲解方式成为一种顾客欣赏的产品宣传渠道，保持讲解中的主动权，以此来打造富有团队风貌的团队。

乒乓球队的团队风貌

在国际乒坛的赛场上，中国运动员总是以强大的团队风貌出现，体现出一种强大的群体力量。

面对国际乒坛不同历史时期规则变化及技术发展的挑战，我们已经能够很好地以国家队为龙头，各级乒乓球队上下一致，统一步伐，迎接挑战。这种应对变化和挑战的团队风貌已经形成传统，对国家乒乓球队的需求，社会各界也都能无条件地给予支持，从而形成一种自然竞争优势。

在世界大赛前的准备阶段，参赛名单一旦确定，不参赛的队员通常会全力帮助参赛选手，即使曾是世界冠军，作为一名非参赛队员，也会心甘情愿当陪练，因为此刻我们是为了一个共同的目标，全队上下很快在这一目标的牵引下拧成了一股绳。

另外，国家乒乓球队与省市队和基层队的关系一直很密切，做到了上下沟通，目标一致。国家队能照顾省市的利益，给省市和基层很多指导和帮助；省市也支持国家队，愿意输送人才，从全局出发搞好训练、比赛工作，形成了团结协作的良好局面。

中国乒乓球队还十分重视协调和科研部门及新闻单位的关系，在技术理论、训练科学和情报信息方面，与科技人员长期合作，解决了一系列训练、比赛中的科学技术问题，如对主要对手的技术定量分析、实力评估以及新技术直拍横打和旋转球的定量实验等，都是与科研人员合作取得的成效。他们把科研人员看成一家人，当比赛获得胜利的时候，中国乒乓球队从来不曾忘记科研人员的功劳，总是会表彰、奖励科研人员。

除此之外，中国乒乓球队还尊重新闻单位，支持记者工作，经常提供信息，主动听取意见；许多乒乓球教练员、运动员有不少记者朋友；新闻界对乒乓球项目的报道，很少有误导和杂音，新闻舆论给予乒乓球项目巨大的鼓励和支持。

中国乒乓球队与器材厂商和训练基地的合作也是卓有成效的。国家队队员们得心应手的球板、胶皮大多由厂家专门研制；每次大赛前的封闭集训，训练基地也都是由相关厂商提供的，他们为中国队创造了良好的训练、生活条件，提供优质服务。球队也以各种方式来支持器材厂创立名牌产品，帮助它们走向国际市场，支持基地建设，扩大厂家在社会上的知名度。

这一系列有效的努力，加强了乒乓球界与社会各界的团结协作，调动了方方面面的热情。中国乒乓球队几十年来一次次的辉煌，很大一部分依靠的就是其团队风貌在社会各界面前树立的良好形象，这和乒乓球队的团队领导善于打造团队风貌有极大关系。

团队规范：团队文化的有效约束力

无规矩不成方圆。

一个规范的团队通常是由来自不同背景、不同习惯、不同社会层次拥有不同思维方式的个体组成的，所以，必须有一定的行为法则，约束彼此的行为，只有这样，才能最大限度地发挥团队的合力。

微软的同情心文化塑造

从2014年到2018年这4年的时间，是微软从低谷中重新崛起的4年。2018年2月1日，微软公司公布的2018财年的第二财季财报显示，第二财季的营收额为289.18亿美元。同比增长达到了12%，整个微软公司的市值上升到了7260亿美元，再一次刷新了自微软成立以来的最高市值纪录。而微软公司这4年当中的重新崛起，跟它的新任CEO萨迪亚·纳德拉的功劳是分不开的。萨迪亚·纳德拉从2014年2月就任微软公司的CEO，到2018年2月刚好4周年。这4年间，在萨迪亚·纳德拉的带领下，微软公司的市值增加了2500亿美元。著名前沿商业媒体《快公司》当中有一篇文章在说到萨迪亚·纳德拉这4年当中对微软的贡献时认为，萨迪亚·纳德拉之所以能够让微软重新崛起，跟他这几年当中在微软所建立的更加包容和开放的企业文化有着非常直接的关系。

在萨迪亚·纳德拉来到微软之前，微软文化的标签就是异常激烈的内部竞争。曾经的微软非常注重产品的进展和质量的把控，在这种情况下所制定的员工考核制度不仅使员工们感到精疲力竭，还经常会在无意间挑起他们的矛盾。这让微软的职场体验变得非常糟糕，员工们不仅会被繁重的工作和严苛的考核制度压得喘不过气来，还要经常应付来自同事和上司的不怀好意的谣言和圈套。

微软的一位高管在回忆那段日子的时候曾经说过："过去我们在开会的时候，每个人都要提前做好准备。不是准备好充满激情和创意的各种想法，而是要为自己准备一个标准答案，因为每个人都要保证自己不会出错。而这些标准答案会使得自己看起来更加专业和严谨。"在比尔·盖茨和史蒂夫·鲍尔默时期他们确实都是这么做的，但是这么做的一个非常明显的弊端就是这些标准答案限制了员工的发散性思维，而在一个需要创新的企业里，缺少了发散性思维是一件非常糟糕的事情。

萨迪亚·纳德拉就任微软CEO之后，就着手废除了以往的考核制度，开始在公司内部推行一种合作性的企业文化。相对于以前的公司文化而言，萨迪亚·纳德拉所推行的公司文化更具有同情心和人情味，更加具有开放性和包容性。这样一来不仅重新激活了员工的发散性思维，更是大大改善了公司的职场体验和同事之间的关系。为了保证新的企业文化的顺利推进，萨迪亚·纳德拉就任CEO后的第一件事儿就是要求所有的高层管理人员都要通读马歇尔·罗森伯格的《非暴力沟通》，好让他们在阅读时体会到书中所体现出来的同情心与合作精神。萨迪亚·纳德拉坚信每个人都是富有同情心的，激发和诱导人们的同情心不仅能够创造更加和谐的工作环境，而且对于开发更能让客户产生共鸣的产品上也有着非常重要的作用。他力图使得微软的每一位员工都具有这种同情心，他认为一个真正富有同情心的人在面对另外一个人的时候要能做到："你必须能够说出，这个人从哪里来，什么能让他赞同，为什么他对于正在发生的事情感到兴奋或沮丧。"

萨迪亚·纳德拉不仅让所有的高层管理人员读《非暴力沟通》，让他们成为以同情心和开放、包容精神为主的企业文化的传播者，还主动给那些已经离开了微软的前员工写信，向他们阐述微软新的企业文化的核心。他曾经给一位高级员工的信中写道："对我来说，只有两件事情是真正重要的。第一，坚持我们永恒的价值观，其中包括多样性和包容性。第二，对周围的伤害产生共鸣。在微软，我们努力寻找不同之处，为他们庆祝，并要求他们加入……我们的成长式思维文化要求我们真正理解并分享他人的感受。我们必须共同拥抱我们共同的人性，并创造一个充满尊重、同情的社会。"

在萨迪亚·纳德拉的带领下，经过公司员工的努力，新的企业文化渐渐在微软扎根，微软的工作环境和员工精神都发生了很大的改变。那些曾经离开微软的员工开始纷纷选择回归，感受到新的企业文化魅力的员工也开始主动要求自己的前同事回公司来看看。迪恩·莱斯特曾经在微软工作了13年，后来离开微软去了高通并为高通在雷蒙德创立了一处工程中心。正在他完成了雷蒙德这处工程中心的筹备工作，考虑自己下一步的去处的时候，之前微软的同事纷纷给他发来短信，劝他应该考虑重新回到微软，因为公司跟他离开的时候已经大不一样了。而这时候他已经离开微软6年时间了，等他重新回到微软之后果然感觉到了非常大的改变。于是在经过几次会谈之后，迪恩·莱斯特在2017年1月重新回到了微软。而迪恩·莱斯特绝不是一个特例，在萨迪亚·纳德拉担任微软CEO的4年间有超过2200名微软前员工重新入职微软。

在谈及公司的企业文化对公司的重要性时，萨迪亚·纳德拉认为："如果企业文化不到位，那么业务上的战略根本难以为继。"他是这么认为的，同时也是这么做的。正是由于这4年间对新企业文化不遗余力地推行，才有了微软的再次崛起。

商德规范

在团队运作和建设中要遵从商德规范，包括国家法规、社会公德以及行业规则。中国自古以来商德规范就很多，其中以诚实守信最为基本，这是支配其他商德规范的一大商德原则。

清人石成金就说过："为商者，诚欲通有无，权子母，总不出公、诚二字。"

"公、诚"，这两点是我们在创建团队文化时不可忽略的。

然而，为什么还有很多的企业经营者敢于铤而走险呢？主要是这些企业没有认识到商德欠缺的危害性。

从古至今，违反商德规范的企业比比皆是，从名不见经传的小企业到名震全球的大企业，从决定企业生死存亡的经营决策者个人到掌控企业发展的高管群体，均能从中找出相对应的丑闻典型。

☆“雪印”倒闭破产——丢掉商德的代价

2002年2月22日，对于日本肉食品行业来说，是一个令人不寒而栗的“黑色星期一”。历经52载无限风光的日本肉食品行业“龙头老大”——日本雪印食品公司，由于用进口牛肉冒充国产牛肉赚取昧心钱的丑事被曝光，不得不在4月底彻底解散，凄凄惨惨打消了新世纪再攀高峰的远大目标，自作自受地为区区900万日元的“肮脏利润”付出了倒闭破产的惨重代价。

日本雪印食品公司是日本响当当的乳业食品集团雪印乳业公司的子公司，早在1950年就从母公司中分离出来，已有50多年的独立运营历史。

历经几代总裁的苦心经营和巧妙运筹，日本雪印食品公司以其牛肉制品物美价廉的独特卖点，赢得了广大消费者的信任和青睐，风风光光地成为日本食品市场“放心肉”“放心奶”的代名词。

随着市场占有率的逐步扩大，日本雪印食品公司像滚雪球般壮大起来，最终脱胎换骨成为拥有11家子公司、员工达1100名、市场占有率为同行第一的大型食品集团公司。它不仅集牛奶、乳制品、肉类食品等产品的制作、加工、批发、销售、运输于一身，而且，其生产的火腿、腊肠占据了日本同类产品市场86%的份额，年销售额高达900亿日元，被一直公认为日本肉食品行业的“大哥”。

谁知，就是这样一家企业，竟为了蝇头小利而抛弃了几十年始终坚守的“诚信”商德，妄图暗度陈仓地大发“疯牛病”之昧心财，结果却为“信义”付出了惨重代价。

在冒牌牛肉之前，雪印乳业公司就曾有过“牛奶中毒事件”。第一次事件发生在1995年3月，东京近200名儿童在饮用雪印的脱脂奶粉后上吐下泻不止，但公司的一位董事却认为不可能，并当场喝下一杯牛奶，谁知仅过了几小时就因肚痛不止而跑进了洗手间，于是“雪印奶粉不含葡萄球菌”的公开声明成了不攻自破的虚假谎言。

雪印乳业公司的第二次“牛奶中毒事件”发生在2000年6月，中毒人数高达1.4万人，弄得全国近万家食品超市拒售雪印乳业公司大阪工厂生产的低脂牛奶，进而使雪印乳业公司的市场占有率，由高高在上的第一位急剧下滑到第三位。

面对公司深受失信之害的两次重创，董事长吉田升三却不以为然，反而认为“是公司应急措施不及时，让别人轻而易举地揪住了‘小辫子’，实在是笨得令人可笑”。正是这一不屑吸取前车之鉴的狂妄自大态度，才使得吉田升三在冒牌牛肉违规操作道路上越走越远，最终白白葬送了日本雪印食品公司的红火前程。

分析日本雪印食品公司的违规行为，可以得知他们之所以敢于铤而走险，固然与监管不严等因素有关，但更为重要的是，这家企业经营者没有商德，以致最终自食恶果。

人非圣贤，孰能无过。我们允许错误，不去追究企业的什么“原罪”问题，但问题是有的企业并没有认识到自己的错误，财富良心还在迷失着，以致商业道德沦丧，社会责任感缺失。

企业作为社会财富的创造者，其商德如果不能得到社会的公认，甚至还遭到唾骂，这于企业的发展和社会的进步都是不利的。

因此，我们的企业家无论是为社会还是为自己，都应不断反省、拷问自己的良心，不断加强自己的商德修炼，以拯救失去的商德。

古人云：“道之以德，德者得也。”这警示着企业要以道德来规范自己的行为，不断修炼自己，才能获得成功。

日常行为规范

企业日常行为规范被有的人总结成了“八要”“八不要”。

八要包括以下几个方面。

一要形成热情、耐心、赞美的良好风气。这是形成良好团队文化的前提，更是团队和整个组织可以向一个好方向发展的先决条件。

二要与业务指导共同探讨团队发展情况。这是团队文化的核心思想。

三要尽力辅助新的业务伙伴。

四要现金交易，避免经济纠纷。

五要产品生活化，与他人分享使用产品的感受。

六要积极主动参与组织活动。

七要善用辅助营销工具。

八要遵守公司规定。

相反，“八不要”包括以下几个方面。

一不要在团队中散播消极思想，因为士气对一个团队的健康发展有着至关重要的作用，尤其是在团队处于逆境的时候。

二不要将下属业务员当作部属使唤。要永远本着平等协作的精神，以团队利益为重，而不是做一个只会发号施令的领导，必须时时做到尊重下属，并永远不要忘记鼓励他们。

三不要存有利用下属赚钱或给上级赚钱的心理。无论是团队成员还是领导者，要时刻记得把自己融入集体，大家取得利益自己才有份儿。

四不要将业务指导当勤务员和出气筒，理解万岁。

五不要当众批评业务指导。

六不要忘掉另一半、忽略家庭，最好能够提前规划好两个人的事业。

七不要发生不正常男女关系。似乎办公室恋情给予团队发展和组织业绩提升的障碍远远大于动力。

八不要争抢顾客。一个有素质的员工是不会贬低竞争对手而提升自己的。

会议规范

会议是一支团队日常运作不可缺少的一部分。会议规范是团队规范的重要元素，必须严格遵守国家的有关法令、法规以及公司的各项业务政策。

如何促使会议规范有序，达到预期效果尤为重要，对此，我们应该做到以下几点。

一是充分准备，准时出席，遵守会议纪律和秩序，这是会议规范的首要条件；

二是会议过程中，要充分得体地展示各种正面的精神风貌，如着装、掌声；

三是相互尊重，积极配合，会议氛围贴切自然；

四是会议要有利于业务拓展、团队建设，紧扣会议议程的要求；

五是注意会议品位，不要空喊口号，不搞煽动，避免低级庸俗的语言；

六是不搞个人崇拜，不带迷信色彩，不带政治言论；

七是严禁夸大产品功效、夸大事实的行为。

形象规范

形象往往是给人留下第一印象的重要因素，因此，现在越来越多的人都认可形象是职业化最表征、最明显的特征。

形象规范包括着装规范和形象专业。

着装规范指的是在重要场合，男士应穿西装，女士应着职业装，服装不要过于花哨，要展示团队的无限魅力面貌，等等。

形象专业指的是谈吐、礼仪、待人接物时所表现出来的个人形象。

现在许多团队和组织都开始重视这方面的培训，形象规范经常会被作为新员工培训的第一课。

文化建设促进团队成长

狼群的凝聚力离不开狼文化的建设，这是狼群富有战斗力和生存能力的途径。

增强团队凝聚力

团队凝聚力是维持团队生存和发展的必要条件。一个丧失了凝聚力的团队，就像一盘散沙，呈现出低效率的运行状态。

如果团队凝聚力较强，其成员的工作热情就会较高，做事才会认真，并有不断创新的动力。

因此，团队凝聚力是实现团队目标的重要条件。

高凝聚力团队通常具有以下特征：

团队成员归属感强，愿意参加团队活动并承担团队工作中的相关责任；

团队成员能够自觉维护团队利益和荣誉；

团队成员之间信息沟通快，互相了解，关系和谐融洽，具有较高的民主气氛。

鼓励队员投入工作

只有团队成员贡献自己的智慧和力量并全力地投入团队工作中去，团队才能卓有成效地运作。

一个成功的团队，其成员要全力投入团队的运作过程，愿意贡献自己的专业技术与能力，愿意主动了解顾客的要求，并对客户负责，最终能向客户提供令其满意的产品和服务，成功实现项目目标。而要让团队成员完全做到这些，团队领导者必须做到以下这些。

首先，使团队成员愿意承担各自的责任。也就是说，团队成员应对团队的成败负共同责任，愿意相互协调合作，共同完成项目目标，且相信自己对这个团队及其他团队成员负有责任，对其被指派的工作负责。

其次，使团队队员能始终保持活力与热忱。项目的动作过程往往冗长且常常会遇到困难与挫折，唯有保持活力与热忱方能使团队成员有效工作，使团队成员相处愉快，并享受成为团队一员的乐趣。

最后，鼓励团队队员不断地追求进步，使团队成员能从团队工作中实现自我成长，从而使他们相信团队工作是一个持续性的改善过程，愿意从错误中学习，并愿意建立一个好的团队。

培养民主氛围

一个民主的团队意味着团队具有开放、坦诚的沟通气氛，团队成员能在其中随意进行活动。

在工作中，只有信息充分沟通，团队成员才能经常从团队得到反馈，并愿意倾听、接纳其他团队成员的意见，尤其是愿意放开胸襟接受来自团队内外的批评，愿意倾听顾客的意见并进行改正。

通过培养民主气氛，可以使团队成员之间的关系更加融洽，从而能更好地开展团队工作。

首先，培养民主气氛需要团队领导者保证所有的团队队员都能获得充分信息，对项目工作有较多的了解。

其次，要让所有团队成员都有充分参与团队各项活动的机会，保证所有团队成员都有发言权。

最后，可以让所有团队成员都参与到决策中来。团队管理者要在团队内部创建尊重不同观点的氛围，并且包容团队内部的不同动机、价值观和意见，确保所有团队成员全过程地参与项目工作的讨论。在进行决策、解决问题、化解纠纷和从事其他团队工作的过程中，团队领导者还要做到能够综合考虑多方观点来形成结论。

促进队员发展

事业发展是指队员为达到事业目标做出相应决策并付诸实践的过程。

事业规划则是指队员对职业和发展前途的选择。

因此，事业发展与规划是每位团队成员不断寻求满意工作与生活质量的动态平衡过程。

对团队领导来说，要想方设法帮助团队成员规划和发展他们的事业，并帮助他们取得成功。

要帮助团队成员事业发展，团队领导者要做到：

帮助团队队员在团队找到合适位置，扮演好自己的角色；

努力创造平等参与的机会，使团队成员能充分发挥个人才能；

鼓励团队成员不断上进、不断充实和提高自己；

让团队成员了解自己的才能，提供表现的舞台；

协助团队队员从错误中学习。

在帮助团队成员发展方面，百事可乐独特的“天龙八步”策略值得我们学习。“天龙八步”让百事可乐的直销业务代表知道怎样去做好直销工作，成为最合格的直销人员。

“天龙八步”计划性拜访客户策略也是百事可乐独特服务策略的一个表现。

百事公司的直销业务代表（小店销售代表）一般每个人都拥有大约

100家（不同地区客户拥有量有所不同）稳定、成熟的小店客户。

而像小型食杂店、冷饮摊点、餐厅等这一类的小店客户，由于自身的经营规模、资金都有限，要求的单位进货量就比较低，但对进货频率的要求却非常高。

面对小店客户的这些特性，如果没有一套行之有效的访销计划和访销模式，小店销售代表在拜访客户的过程中，就很难确保能够合理安排销售路线上的时间、做到全面掌握路线上客户的状况，从而造成在拜访过程中遗漏客户，导致客户断货、缺货等一系列影响工作绩效和客户满意度现象的发生。

为了使销售代表能够有计划地安排拜访时间，在每个售点提供品质一致的服务，杜绝客户断货、缺货，并且帮助销售代表能够真正成为客户的经营顾问，从而建立良好的客户关系，百事可乐公司要求所有的销售代表在每天的销售过程中，必须按照公司制定的、深具规范性和模式化的“计划拜访八步骤”来拜访小店客户（拜访重点客户的“八步骤”与此大同小异）。

“拜访八步骤”是百事可乐服务客户、制胜终端的犀利武器，被业界形象比喻为计划性拜访客户的“天龙八步”。

◇第一步：准备工作

每天销售代表在拜访客户前，都要做好相应的准备工作。这些工作主要有以下几个方面。

检查个人仪表。销售代表是公司的“形象大使”，在客户的眼中代表着公司形象、产品形象甚至是品牌形象。

检查客户资料。百事公司采用的是线路“预售制”销售模式，所以销售代表每天都要按照固定的线路走访客户。

准备产品生动化材料，主要包括商标（品牌贴纸）、海报、价格牌、促销牌、冷饮设备贴纸以及餐牌POP广告。

准备清洁用品。带上干净的抹布，用来帮助小店清洁陈列的百事产品。

销售代表做好这些准备工作后，接下来就可以离开公司，按照计划拜访的路线来开始一天的工作了。

◇第二步：检查户外广告

及时更换外观破损、肮脏的海报张贴。

检查广告的张贴是否显眼，不要被其他物品遮盖。

◇第三步：和客户打招呼

进入小店店内时，百事公司要求销售代表面带微笑，合情合理地称呼店主的名字，以展现自身的亲和力，树立公司的良好形象。与此同时，对店内的其他人员也要以礼相待，让客户感觉到你是在真切地关心他，而不仅仅是出于生意的关系才来拜访他。

◇第四步：做终端及冷饮设备生动化

产品生动化是百事可乐销售代表拜访客户的重点环节，并且是提升售点销量的最有效途径之一，百事公司要求销售代表根据小店的实际状况，按照百事可乐模式的生动化标准来执行小店的产品陈列。

◇第五步：检查库存

做完产品生动化之后，百事可乐的销售代表要按品牌、包装的顺序来清点小店的库存。

◇第六步：进行销售拜访

清点小店的库存之后，销售代表必须按照1.5倍的安全库存原则向客户提出订货建议。根据1.5倍的安全存货量订货，可以使客户在正常的经营状况下不至于发生缺货或断货的现象，避免造成生意上的损失，还可以帮助客户有效地利用空间和资金，不发生货物积压、资金无效占用的情况。

◇第七步：订货

销售拜访结束后，销售人员要再一次确认客户的订货量，并按照客户的实际订货量填写客户订单和客户卡，这是百事可乐销售代表最有效的销售工具。

◇第八步：向客户致谢并告之下次拜访时间

“定时、定线、定人、定车”是百事公司对销售代表的要求。

定时是指拜访客户的时间要固定。

定线是指每天的销售线路是固定的。

定人就是一个销售区域一个主任，每一条销售线路一个销售代表和一个驾驶员。

定车是指每条销售线路固定一辆送货车，自己线路的订货由自己的车送货。

计划性拜访的八个步骤，是百事可乐帮助小店销售人员在每一个售点都实现成功销售过程的模式。在实际的拜访过程中，一定会出现一些因素影响销售代表实施八步骤，但销售代表只要根据具体的实际情况来灵活运用，并把“拜访八步骤”当成一种习惯，在不久的将来一定会成为一名更专业、更优秀的销售人员。

提高团队成员的情商

越来越多的研究表明，人生的成就有20%归功于智商，剩余的80%则受其他因素的影响。研究界认为虽然无法确切解释每个人的际遇如何受情商的影响，但在预测一个人能否成功时，情商的因素却不容忽视。

美国“领导者中心研究所”的一份报告指出，一些高级管理人员无法正常开展工作，其原因往往是“人际关系紧张”，而并不是“计划有误”等一系列技术问题。

该中心在向美国及欧洲一些大企业总裁调查之后，指出管理人员在工作中常犯的错误大多与个人情绪素养有关，如“工作关系处理不好”“太武断”“野心勃勃”“常与上级对着干”等。

美国电报电话公司所属的Bell Labs公司经理对表现较好的工作人员也有这样形象的说法：“他们不是那些高智商的人，而是这样一些人：他们的电子信箱总是音信不断。”

我们可以得出一个结论——团队情商的高低反映了团队队员之间的和谐程度和团队成员的情商高低。

其实，早在20世纪初期，管理心理学家们就认识到了情绪、情商对团队整体的影响。

耶鲁大学心理学家罗伯特·斯滕伯格及温蒂·威廉姆斯通过实验得出一个著名的结论：影响团队成绩最重要的因素在于团队成员是否能营造良好和谐的气氛，是否能让每个队员的才华都得到充分发挥。

团队的绩效也许无法超出团队成员个别才华的总和，但是，如果团队内部工作不协调，冲突不断出现，团队绩效必然会下降。即使是特别有才华的个人，如果处在一个缺乏激情和智慧的团队中，也会因遇到严重的情感障碍，如恐惧、愤怒、恶性竞争等，而无法卓有成效地发挥自己的才能。

著名的"霍桑实验"也表明，工作效率与团队内自由宽容的群体气氛、队员情绪和责任感有较大关系，而与工作条件等物理环境因素相关程度较低。也就是说，队员的士气、生产的积极性主要取决于队员与管理人员、队员与队员之间的关系是否融洽。

这一发现在管理发展史上具有重要地位，它带领管理界开始了新一轮的成功因素理论研究。

正是这些新的研究，使管理界取得了越来越一致的观点：个人情商的提高是团队情商提高的基础，而团队情商的提高同时又会促进个人情商的发展，两者之间相辅相成。

如何才能提高团队的情商，创造一个和谐的团队氛围，从而促进团队的发展和项目工作的开展呢？我们来看两个案例。

☆软糖实验

该实验通过观察4岁儿童对果汁软糖的反应预测他们的未来。

实验方法是，研究人员将孩子们带到一间陈设简单的房间，告诉每个孩子："你可以马上得到一颗果汁软糖。但是如果你能坚持不拿它直到等我外出办事回来，你就可以得到两颗糖。"研究人员说罢便离开了。

结果发现，在这些孩子上中学时，就会表现出某些明显的差异：

那些在4岁时能坚持换得第二颗软糖的孩子通常成为适应性、冒险精神较强，受人喜欢，比较自信，比较独立的少年；而那些在早年经不起软糖诱惑的孩子则更可能成为孤僻、易受挫、固执的少年，他们往往屈从于压力并逃避挑战。

☆乐观测试

美国某保险公司某年雇用了5000名推销员并对他们进行了培训，每名推销员的培训费高达30000美元，雇用后第一年有一半人辞职，4年后这批人只剩下1/5。

原因是在推销人寿保险的过程中，推销员需要一次又一次面对被人拒之门外的窘境。

为了确定是不是那些比较善于对付挫折，将第一次拒绝都当作挑战而不是挫折的人才可能成为成功的推销员，该公司向宾夕法尼亚大学的心理学家马丁·塞里格曼讨教，并请他来检验"在人的成功中乐观的重要性"的理论。

这一理论认为，当乐观主义者失败时，他们会将失败归结于某些他们可改变的事情，而不是某些固定的、他们无法克服的弱点，所以，他们会努力去克服困难，改变现状，争取成功。

正确认识自身和其他队员的情绪

一旦队员的某种情绪被自己察觉，那么，其控制自身情绪的机会和能力也就会相应得到增强，这是一种“后情绪”心理现象。

作为一个情商因素，后情绪是指主体通过回忆而意识到诸如愤怒、悲伤、快乐或羞愧等自身情绪，并对其产生原因有进一步认知的能力。后情绪使队员对自己情绪不仅知其然，而且知其所以然，因此，增强后情绪能力对认知自身情绪十分重要。

那么，团队领导者要如何认知其他队员的情绪，从而建立良好的队员关系呢？

首先，应细心地观察其他队员，尝试找出多种能够帮助他人的途径。团队队员应能敏锐地了解他人的处境与感受，同情他人，对他人的悲伤、愤怒等负面情绪做出积极反应；当一个队员自觉不自觉地帮助那些需要情感帮助的队员时，他不仅可获得良好的人际关系，而且可在双方情感联系不断增进的过程中，更好地认知对方的情绪。

其次，团队领导者要相信其他队员。许多领导者知道应该了解他人的内心感受，却常常难以做到这一点，这是因为他们在自己心中筑起了一道怀疑与不信任的高墙，无法敞开胸怀与他人交流，因此，只有相信他人，才能以公正、客观的目光探视他人的内心深处，并真诚地伸出友谊之手。

最后，真诚有效地沟通。沟通是队员情感交流的桥梁，只有敞开自己的心扉，才能获得其他队员的信任和真情回报；同时，在进行沟通时，要重视沟通的技巧，使沟通有效。真诚之心与娴熟技巧的有机结合，能够提高沟通的效果，并且达到表达自己情感、正确认知他人情绪的目的。

保持健康的心理

在团队中，队员的心理常常由于工作、生活等多方面的压力而发生扭曲。比如，由于年龄的悬殊，小张对老李始终有戒备的心理；工作积极向上的技术骨干小杨始终没得到提升，于是心里积压着怨恨；收入不高、经济拮据的小马一直郁郁寡欢……当出现这些情形的时候，作为团队领导者，你需要调节自己的情绪，形成正确的理性认识，从而对团队成员的情绪进行正确影响，培养积极向上的团队精神面貌。

那么，健康的心理具有哪些特征，队员又应当如何克服自己消极的情绪呢？

管理心理学家马斯洛指出，健康的心理应当具有如下几个标准：

团队队员有充分的安全感；

对自己有充分的了解、正确的评价；

团队队员自己的生活理想和目标切合实际；

能与周围环境和事物保持良好的接触；

能保持自身人格的完整与和谐；

具有从经验中学习的能力；

能保持适当和良好的人际关系；

能适当地表达和控制自己的情绪；

能在集体允许的前提下，在一定程度上发挥自己的个性；

能在团队的范围内，适当地满足个人的基本需求。

对于消极的情绪，要善于控制和克服；对于积极的情绪，要善于引导、启发和培植，这样，团队队员才能形成自信、乐观、积极向上的人生观。

通常，健康的心理状态表现为以下几个方面。

能够接纳自己，并能为他人所接纳。

能够对自己做出恰当、客观的评价，体验到自己存在的价值。

能够努力发挥自己的潜能，能面对和处理好工作与生活中遇到的各种挑战。

恰当地认同他人，善于与人相处；与人交往，接纳他人，认可他人的存在；能与他人相互沟通和交往，能在相互沟通中分享彼此的情感。

能够客观地认识和评价周围的事物与环境，主动地适应现实与改造现实，并能与现实环境保持良好的接触，具有足够的勇气来接受现实的挑战。

能够对自己、他人以及周围的事物和环境有较清楚的认识，拥有各种可利用的信息、知识和技能，能以此来解决所遇到的问题，增进自己行为的效率，并不断丰富自己的经验和知识。

建立和维持良好的人际关系

团队队员之间良好的人际关系是团队和谐氛围的基础，有时，维系和提高队员的人际关系所付出的代价，比采用新设备、发明新技术所产生的工作效率还要高。

交往在人际关系的建立与维系中起着重要作用，它能带来彼此有价值的信息和情感交流，使得交往双方相互了解彼此的志趣、爱好、能力和人格等。

人际交往是队员相互适应、相互协调配合的过程，这就需要交往双方进行“角色易位”，能够站在对方的立场上考虑问题、处理事物，从中了解其他队员的要求与感受，从而改善待人的态度和行为，这样就能避免因误会和隔阂而导致的冲突，使人际关系保持和谐。

从某种意义上说，与其他队员分享自己的成就，其价值超过了成就本身。独享自己的成就，只能获得一种快乐；而与他人分享自己的成就，则可以获得更多的快乐。

此外，从现实生活看，队员努力工作至少具有双重目的。

一是实现自身的价值。

二是在团队中得以表现，获得团队或社会的肯定和认同。

为了实现这双重目的，除了需要坚忍不拔的精神外，还需要具备博爱的情怀，即能从个人狭隘的利益圈子中摆脱出来，能从全社会或整个团队的角度考虑问题，以造福社会、促进团队发展和影响他人为己任。

严于律己和宽以待人相辅相成，均是赢得他人敬重、钦佩的重要因素。

能够严于律己、宽以待人的团队成员，才能对他人的心理和行为产生影响，让其他团队成员自觉自愿、心悦诚服地接受批评和建议。这样不仅具有持久的效应，而且还能达到增强自我约束的能力，增强责任感、身体力行、以身作则的效果。

宽以待人则要求团队成员拥有博大的胸襟，能容人容物，能多注意他人的长处和优点，用理解和同情去影响其他队员，从而使其既看到自身的缺点，又能心悦诚服地改正。可以说，能够理解和尊重他人的队员，才能获得其他成员的理解和尊重。

一个人若能满足和迎合他人情感上的需要，就会引发他人的肯定态度，并以此产生满意、愉快、认同的情绪；反之，就会引发否定态度，使其产生愤怒、憎恨、逃避等消极情绪。可见，真诚地激励他人，是加深人际关系的有效途径。

总体而言，团队成员的情商对建设好的团队文化起着重要的影响作用，而这一点往往是团队领导者们最容易忽视的，要想成为优秀的团队领导者，你一定不能忽视它。